첫마디의 두려움을 이기는 법

사람들 앞에서 말하는 것이 편해지기 시작했다

첫마디의 두려움을
이기는 법

정은길 지음

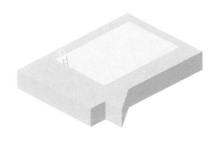

갈매나무

Step 1
'첫마디'의 두려움을 이긴다

Step 2
사람들 앞에서 말하는 것이 재밌어지기 시작했다

Step 3
어떤 상황이든 누구를 만나든 자신 있게 대화한다

Step 4
마무리가 약하면 지는 것이다

프롤로그

사실 당신은
말을 잘한다

"저⋯⋯ 저기⋯⋯ 스피치 수업⋯⋯ 궁금한 게 있는데요⋯⋯."

"네. 말씀하세요!"

"제가 면접⋯⋯ 준비를 해야⋯⋯ 면접을 봐야 하거든요⋯⋯."

"어떤 면접인가요?"

말을 잘하고 싶어 나를 찾아오는 사람들 중에는 면접 준비를 할 때처럼 절박한 상황에 놓인 이들이 적지 않다. 그런데 실전 면접은커녕 전화로 수업 문의에 임할 때마저 떨리는 목소리로 대화를 하는 수강생을 보면 내 마음이 다 아프다. 어떤 이들은 전화 통화 말고 카카오톡으로만 상담을 하고 싶어 한다.

그런데 정말 놀라운 현상은 이렇게 전화 통화도 부담스러워서 카톡 상담만 원할 정도로 소통을 멀리하는 이들을 실제로 만났을 때 일어난다. 수강생들은 내가 생각했던 것보다 훨씬 더 말을 잘했다. '왜 나를 찾아왔나?' 하는 의문이 들 정도로 말을 잘하는 사람들이 많았다.

그들은 어째서 말하기를 배우고 싶어 하는지, 스스로 무엇이 부족하다고 느끼는지, 그래서 어떤 것들을 배우고 싶어 하는지 등의 설명을 내가 한 번에 이해할 수 있을 정도로 잘 표현했다. 이건 나만의 착각이 아니었다. 같은 수업을 듣는 수강생들 모두가 인정했다. 나만 빼고 다들 말을 잘하는데, 왜 수업을 들으러 왔는지 이해가 안 간다고.

또 하나 정말 신기했던 건, 말을 실컷 잘해놓고도 자신이 무슨 말을 어떻게 했는지 잘 기억하지 못한다는 것이었다. 속으로는 바들바들 떨리는데, 낯선 사람들 앞이라 더더욱 떨리는데, 그래도 말은 해야겠으니 말을 했을 뿐이란다.

남들은 말을 잘한다고 느끼는데 스스로 말을 못한다고 생각하는 이 현상, 도대체 어떻게 받아들여야 하는 걸까?

◆　◆　◆

자신이 말을 못한다고 느끼는 이유는 '너무 잘하려고 해서'다. 사람들은 '말을 잘한다'의 정의에 상당히 많은 조건을 붙인다. 일단 목소리가 괜찮아야 하고, 목소리 크기와 말 속도도 적당해야 하며, 발음이나 발성도 좋아야 한다고 생각하는 것 같다. 여기에 더해 떨지 않는 말하기가 가능하면 더욱 좋고, 여유 있는 표정이나 몸짓까지 가능하면 더욱더 좋다고 생각한다.

그런데 이 모든 게 다 되는 사람은 그리 많지 않다. 그리고 모두가 그렇게 말해야 하는 것도 아니다. 목소리와 발음, 발성이 좋다고 해서 떨지 않는 말하기를 하는 것도 아니다. 남들 앞에서 말하는 직업을 가진 사람을 생각해보라. 아나운서 등의 방송인은 예외로 치더라도 방송을 많이 하는 연예인 중에는 목소리나 발음, 발성 등이 좋다고 말하기 힘든 경우도 더러 있다. 강연을 하는 사람, 무언가를 가르치는 사람들도 마찬가지다. 남들 앞에서 말하는 일을 하는 그들도 모두 완벽한 말하기를 하는 건 아니다. 그런데도 그들은 낯선 사람들 앞에서 말을 한다. 왜냐하면 말을 잘하는 것에 대해 달리 생각하기 때문이다.

말을 잘하는 경우는 크게 두 가지로 나뉜다. 첫째는 '무엇을 말할 것인가?'에 중점을 둔, '콘텐츠'가 탄탄한 경우다. 그리고 둘째는 '어떻게 말할 것인가?'에 중점을 둔, '스타일'이 좋은 경우다. 많은 사람들이 발음이나 발성, 목소리 등의 조건을 따지는 '스타일'에 주로 신경을 쓰지만, 사실 정말 중요한 건 말하기의 내용인 '콘텐츠'다.

내가 말하고자 하는 내용이 명확하게 있는 사람은 확실히 덜 떤다. 내가 전하고 싶은 메시지에 집중할 수 있는 덕분이다. 무슨 말을 해야 할지 제대로 정하지 못한 상태에서 말을 하려니 내가 무슨 말을 하는지도 모른 채 말하기가 끝나버리는 것이다.

조금 극단적으로 표현하자면, 말하기 스킬이 별로여도 괜찮다. 사람들은 목소리가 작고 발음이 어눌해도 정말 중요한 이야기라면 어떻게 해서든 귀를 기울여 듣는다. 말하기가 완벽하지 않은 사람이 강의나 강연을 하고 TV에 나오는 것도 그들이 말하는 내용에 초점이 맞춰져 있기 때문이다. 자신만의 콘텐츠가 확실히 있다면, 모두가 아나운서처럼 말할 필요는 없다. 내가 가진 이야기를 내가 할 수 있는 선에서 잘 전달하기만 하면 그만이다. 다만 조금 더 욕심을 부려 전달력까지 극대화하고 싶다면, 그때는 발음이나 발성, 호흡, 목소리 등을 다듬는 말하기의 스타일 연습을 하면 된다. 이게 제대로 된 순서다. 할 말에 해당하는 콘텐츠가 준비된 다음에야 스타일 연습을 해야 한다.

말하기 수업을 듣거나 스피치 학원에 다녀도 스스로의 말하기 실력이 만족스러울 정도로 늘지 않는 이유가 바로 여기에 있다. 하고자 하는 이야기가 준비되어 있지 않은 상태에서는 아무리 발음, 발성, 호흡 등을 연습해도 소용이 없다.

목소리가 끝내주게 좋고 발음이 컴퓨터 저리 가라 할 정도로 완벽하다 해도 그게 다 무슨 소용인가? 그 목소리와 발음을 뽐낼 정도로 길게 할 이야기가 없는데!

◆ ◆ ◆

말을 잘하는 것에 대한 오해 섞인 부담감은 이제 그만 내려놓자. 당신은 이미 말을 잘한다. 자신이 생각하는 것만큼 최악이 아니다! 자신의 말하기가 괜찮다는 걸 확인하고 싶다면, 이제부터는 내가 전달하고자 하는 메시지에 집중해보자. 혹시, "나는 그 콘텐츠가 없는데요."라고 말하고 싶은가? 걱정 마시라. 그래서 이 책이 나왔다. 이 책은 어떻게 해야 내가 말하고 싶은 메시지를 찾을 수 있는지, 그 내용을 어떻게 발전시키면 좋은 말하기가 되는지 등의 과정을 상세히 안내하는 역할을 할 것이다.

그중에서도 내가 제일 강조하고 싶은 것은 '첫마디의 두려움을 이기는 법'이다. 시작이 반이라고, 내가 생각해도 괜찮은 말하기의 스타트를 끊었을 때 이야기를 끝까지 끌고 가기가 수월해지기 때문이다. 말하기를 주저하는 사람들의 가장 큰 고민 역시 첫마디의 두려움을 떨치는 것이기도 한데, 그 고민에 관한 해결책을 이 책에 모두 담고자 했다. 또한 두려움 없이 첫마디를 산뜻하게 시작했다면, 거기에 더해 완성도 높은 이야기를 위한 '중간'과 '끝'을 완성하는 법까지도 아우르고자 했다.

첫마디를 떼는 것부터가 어려웠다면 이제 그 고민을 확실히 마무리해보자. 다음 장을 넘겨, 말하기의 첫 단계인 첫마디를 가뿐히 떼는 것부터 시작해보자!

Step 1

'첫마디'의
두려움을 이긴다

아무리 시작이 반이라고는 하지만 처음부터 너무 완벽하게 하려고 마음먹지 않으면 좋겠다. 그러한 마음이 너무 큰 부담으로 다가와 오히려 편안한 말하기를 방해하기 때문이다. 첫마디의 두려움을 없애는 가장 첫 번째 단계는 '완벽해지려는 마음을 버리는 것'이다. 완벽해 지려는 마음 때문에 침묵을 깨는 게 상당히 두려워진다. 내가 실수할까 봐 망설이다 보니 모든 게 어려워지는 것이다.

울렁거리는 마음과 백지장처럼 하얗게 질려버린 정신. 손에 땀이 송송 맺히는 긴장감으로 가득 찬 채 말하기를 시작했다가도, 어느 순간 나도 모르게 떨리는 상태가 누그러지면서 말하기를 마무리할 수도 있다. 생각보다 많은 사람들이 이러한 경험을 한다.

"처음엔 너무 떨렸는데, 말을 계속하다 보니까 조금 괜찮아지더라고요."

사실 초반부터 실수해도 괜찮다. 이제 막 말하기를 시작했을 뿐이다. 반전의 기회는 얼마든지 도모할 수 있다. 두려운 내 마음이 진정될 때까지 지켜봐주기만 하면 된다. 하지만 그럼에도 첫마디의 두려움을 이기고 싶다면, 초반부터 실수를 줄여 말하기의 자신감을 충전하고 싶다면, Step 1을 참고해보자. 첫마디의 두려움을 없애고 말하기의 초반부터 자신감을 충전할 수 있는 방법을 익힐 수 있을 것이다.

완벽해지려는 마음을 버리는 것이 시작이다

자신감 회복 연습

나는 말하기 수업을 진행할 때면 수강생들에게 이 질문을 꼭한다.

"여기 계신 분들 중에 '내 목소리에 만족한다, 자신 있다' 하는 분들이 계신다면 손 좀 들어주실래요?"

이 질문을 받자마자 손을 번쩍 드는 수강생은 안타깝게도 거의 없다. 생각보다 많은 사람들이 자신의 목소리를 마음에 들어 하지 않았다. 내가 듣기에는 좋기만 한데 말이다. 오랜 시간 동안 대화를 나눠도 거북하지 않았고, 무엇보다 계속 듣기에 편안했으니까.

말을 하는 사람은 자신의 목소리에 만족하지 못하는데, 듣는 사람은 조금도 이상한 점을 느끼지 못하는 이유가 무 엇일까? 말을 하는 사람은 어떻게든 자신의 부족한 점을 찾 아내고자 하는 마음이 가득하기 때문이다. 말하기를 끝냈을 때 스스로 만족하지 못하는 사람은 '목소리가 작다', '목소리가 떨리게 나오는 게 싫다', '아기 목소리 같아서 자신감이 없어 보인다' 등의 이유를 들어가며 자신의 단점을 잘도 찾아낸다.

문제는 목소리에만 불만을 갖는 게 아니라는 것이다. '발음이 부정확하다', '톤이 불안정하다', '말 속도가 너무 빠른 것 같다', '호흡이 가쁜 편이다', '발성이 별로인 것 같다' 등 단점이 셀 수 없이 많이 열거된다.

우리는 언제부터 이렇게 객관적이고 명확히 상황을 분석하고 파악하는 사람이었을까? 그리고 이러한 자기 성찰이 스스로에게 얼마나 큰 도움이 될까?

자신의 말하기가 지닌 단점을 이렇게까지 세세하게 물고 늘어질 필요는 없다. 단점을 아주 잘 알고 있다고 해서 그게 잘 고쳐졌는지를 생각해보자. 내 문제점을 한 번에 개선할 수 없다면 굳이 그 단점들을 가득 끌어안은 채 첫마디부터 힘겨워할 이유가 없다. 자신감만 계속 하락할 뿐이다.

정말 예외적인 경우를 제외한다면, 우리 모두는 좋은 목소리를 갖고 있다. 내가 지금 내고 있는 내 목소리는 내가 말하기에 가장 편안한 주파수로 설정되어 있다는 걸 알아야 한다. 오랫동안 말해도 무리가 가지 않는 상태가 바로 지금의 내 목소리다. 내가 말하기에 편안하기 때문에 그 목소리 톤을 갖게 된 것이다.

누가 상냥하고 좋은 목소리가 '도레미파솔' 중 '솔' 톤이라고 했는가? 실제로 나의 목소리는 '솔' 톤보다 낮다. 만약 내가 '솔' 톤으로 계속 말을 한다면 말을 하는 나도, 내 말을 듣는 상대도 엄청 괴로워진다. 억지로 내는 목소리이기 때문이다. 잊지 말자. 지금 내 목소리는 내가 낼 수 있는 최고로 좋은 목소리다.

특정 발음이 되지 않는 게 아니라면 발음 문제에서도 자유로워지자. 자꾸 말을 더듬는 건 내 발음에 문제가 있어서가 아니라 너무 긴장했거나, 말할 내용에 자신이 없기 때문이다. 애꿎은 내 혓바닥을 탓하지 않아도 된다. 떨리는 목소리나 가쁜 호흡도 원인은 긴장 때문이다. 그 긴장감을 어떻게 완화시킬 수 있는지를 알아보기 위해 이 책을 읽고 있는 것이지, 스스로의 단점을 더욱 세세히 들여다보기 위해 말하기를 배우는 게 아니다.

더 이상 목소리나 호흡, 말 속도, 발성, 발음 등에 집착하지 말자. 자연스럽게 걷는 걸 상상해보라. 우리는 몸이 움직이는 대로 그저 팔을 휘젓고 발을 움직인다. 그런데 팔의 각도, 위치, 발의 방향 등에 신경 쓰다 보면 갑자기 스텝이 엉켜버린다. 말하기도 마찬가지다. 내가 하고 싶은 말을 그냥 자연스럽게 시작하면 되는데 목소리, 발음, 발성, 호흡 등의 단점을 떠올리는 순간 내가 기대하는 첫마디의 시작은 저 멀리 날아가버린다.

장점을 발견하는 연습

그렇다면 도대체 어디에 포커스를 맞춰야 첫마디의 두려움이 사라질까? 바로 나의 말하기가 지닌 '장점'에 집중해야 한다. 이 세상에는 단점만 있는 사람도, 장점만 있는 사람도 없다. 누구나 장단점을 모두 가지고 있다. 이 점에 착안한다면, 나의 말하기에도 아주 사소한 장점 하나쯤은 있다는 걸 알게 된다.

누군가는 말할 때 짓는 풍부한 표정으로 이야기의 분위기를 살리기도 하고, 누군가는 흥분하지 않고 차분하게 말하는 태도가 장점이 되기도 한다. 풍부한 어휘력으로 표현력을 극대화시키는 사람이 있는가 하면, 길게 말하지 않아도 핵심을 잘 짚어내는 사람도 있다. 이러한 장점들은 모조리 무시한 채 눈에 불을 켜고 자신의 부족한 점만 캐고 또 캐왔던 과거를 반성해도 좋다.

스스로 말하기에서의 장점을 찾기가 어렵다면 다음 리스트를 참고해 어떻게 해서든 나의 장점을 발견해보자.

1. 목소리

누군가 내 목소리를 듣고 1초 이내에 귀를 틀어막은 적이 없다면 내 목소리는 충분히 매력적이다.

2. 발음

내가 말을 하고 나서 "뭐라고?"라는 질문을 다섯 번 이상 반복해서 들은 적이 없다면 내 발음은 이미 완벽하다.

3. 호흡

말을 하는 도중 숨이 넘어가 호흡 곤란으로 쓰러진 적이 없다면 내 호흡에는 아무런 문제가 없다.

4. 발성

데시벨 측정기가 내 목소리를 잡아내지 못하는 게 아닌 이상, 내 발성에 문제가 있다는 생각은 버려도 좋다.

5. 표정

짜증이 난 내 표정을 보고 나의 감정 변화를 알아챈 사람이 단 한 명이라도 있었다면 나의 감정 표현력은 출중하다고 봐야 한다.

6. 말 속도

내가 하는 말을 듣고 누군가가 답답해서, 혹은 너무 **빨라**서 숨이 넘어간 적이 있는 게 아니라면 충분히 훌륭하다.

7. 전달력

"아버지가 방에 들어가신다."라는 말을 "아버지 가방에 들어가신다."라고 말하고 싶은 게 아니라면 이미 탁월한 전달력의 소유자다.

8. 문법

앞으로 하고 싶은 일을 과거에 했다고 말하는 게 아니라면 완벽한 문법을 구사한다고 봐야 한다.

9. 자세

말을 하면서 잠시도 가만히 있지 못하는 게 아니라면 남들 앞에서 발표하기에 무리 없는 신체 조절 능력을 갖고 있는 것이다.

10. 시선

내가 말하는 도중에 하품을 하거나 지루해하는 사람을 발견할 수 있는 정도라면 자연스러운 시선 처리도 문제없는 수준이다.

이 열 가지 중 나는 몇 가지 항목에 해당하는가? 단 하나라도 '그렇다'라고 말할 수 있다면 자신감을 가져도 좋다. 그냥 하는 말도 아니고, 농담도 아니다. 말을 잘하는 것에 대한 수준을 쓸데없이 높게 잡을 필요가 없다. 내가 하고 싶은 말을 충분히 전달하고, 그 말을 들은 사람이 제대로 이해하는 것! 나는 그게 바로 말하기의 모든 것이라고 생각한다. '간장공장공장장' 식의 발음 연습이나 여유 넘치는 스티브 잡스의 표정을 굳이 떠올리지 않아도 괜찮다. 일단 첫마디를 수월하게 꺼내기 위해서는 '나는 이미 잘하고 있다'는 생각만으로도 충분하다.

이제껏 단점에만 지나치게 몰두했던 건 아닌지 생각해봐야 한다. 아무리 능력이 뛰어난 사람일지라도 '못한다, 못한다' 하면 정말 못하게 된다. 반면 다소 부족한 실력을 가진 사람일지라도 '잘한다, 잘한다' 하면 정말 잘하게 된다. 나는 '잘한다'라는 말이 '자란다'처럼 들린다. '잘한다'라는 말을 들으면 정말 쑥쑥 '자라나' 성장하는 사람이 될 수 있다. 그러니, 말을 잘하고 싶다면 스스로에게 잘한다는 말을 하면서 잃어버린 자신감부터 잘 챙겨보자. "잘한다, 잘한다, 자란다." 이 말이 큰 도움을 줄 것이다. 분명 말을 잘하게 되면서 예전보다 말하기 실력이 부쩍 자라게 될 것이다.

자연스럽게 걷는 걸 상상해보라. 우리는 몸이 움직이는 대로 그저 팔을 휘젓고 발을 움직인다. 그런데 팔의 각도, 위치, 발의 방향 등에 신경 쓰다 보면 갑자기 스텝이 엉켜버린다. 말하기도 마찬가지다. 내가 하고 싶은 말을 그냥 자연스럽게 시작하면 되는데 목소리, 발음, 발성, 호흡 등의 단점을 떠올리는 순간 내가 기대하는 첫마디의 시작은 저 멀리 날아가버린다.

첫마디부터 막히는 진짜 이유

괜찮은 콘텐츠 찾는 법

갑자기 어떤 발언을 해야 하거나, 예상하지도 못한 질문을 받았을 때 대부분의 사람들은 당황한다. "스트레스는 어떻게 해소하세요?" 혹은 "가장 중요하게 생각하는 삶의 우선순위가 뭐예요?" 같은 질문을 받았다고 치자. 어떤 답변을 할 것인가?

실제로 나는 말하기 수업을 하며 이러한 질문을 무방비 상태에 놓인 수강생들에게 던지곤 한다. 그러면 수강생들은 눈동자를 바삐 움직이며 나름의 답을 내놓는다. 내 생각엔 대부분의 답변이 훌륭한데, 대답을 마친 사람들의 표정은 별로 좋지 않다. 자신이 한 말이 그다지 마음에 들지 않기 때문이다. 스트레스 해소법으로 잠을 잔다거나 영화를 본다는 답이 너무 뻔해서 싫은 것이다. 삶의 우선순위로 신뢰나 성장밖에 생각나지 않아 답답한 것이다.

그렇다고 뻔한 답변이 매끄럽게 나오는 것도 아니다. 고민에 고민을 거듭한 결과가 그렇고 그런, 흔하디흔한 말인 데다 생각하며 말하는 탓에 뚝뚝 끊기는 말하기를 하는 스스로에게 실망하곤 한다. 결국 첫마디부터 막히는 말하기에서 자신이 생각해왔던 문제점들에 푹 빠져버린다. 그 문제들이라는 건 바로 앞에서 이야기한 목소리, 호흡, 발성, 발음 등이다.

번지수를 한참 잘못 짚었다. 그게 아니다. 절대 아니다. 첫마디부터 막히는 건 발음이나 발성 등 '스타일링'에 관한 문제 때문이 아니라, 어떤 말을 할 것인지에 해당하는 '콘텐츠'가 없기 때문이다. 내가 평소에 생각했던 것들, 지금 마음속에 가득한 것들이 말로 저절로 흘러나오게 되어 있다. 어떤 질문을 받고 할 말이 딱히 떠오르지 않는다면, 그건 말하기의 실력이 부족해서가 아니라 그 질문에 대한 생각을 거의 안 해봤기 때문이다. 할 말이 없는데 말이 매끄럽게 줄줄 나오는 게 더 이상하다.

갑작스런 질문에도 뻔한 답을 하고 싶진 않다

그렇다면 왜 우리는 할 말이 없는 걸까? 내가 생각하는 이유는 딱 하나다. 바로 세상일에 그다지 관심이 없어서다. 세상일에 관심이 많으면 하고 싶은 말이 많을 수밖에 없다. 우리 동네 수다쟁이 아줌마가 말이 많은 건 여기저기 관심이

가는 집이 너무 많기 때문이다. 누구네 집 남편이 어떤 사고를 쳤는지, 누구네 집 아이의 성적이 어느 정도인지 관심이 많아도 너무 많다. 그 지나친 관심 때문에 기피 대상이 되는 것이지만, 그 아줌마가 하는 이야기를 가만히 들어보면 청산유수가 따로 없다. 이야기의 기승전결은 물론이고 흥미진진한 묘사까지 기가 막힌다.

세계 여행을 다녀온 사람들이 책을 많이 쓰는 것도 비슷한 이유다. 갑자기 글쓰기 실력이 늘어서가 아니다. 여행을 통해 이전과는 다른 경험을 했기에 할 말이 많아진 것이다. 날마다 다른 곳에서 잠을 자고, 이제껏 못 먹어봤던 새로운 음식을 접하고, 낯선 사람들을 만나 한 번도 생각해보지 않았던 주제로 대화를 나눈다고 상상해보라. 얼마나 하고 싶은 이야기들이 쌓여가겠는가?

그러나 날마다 비슷한 일상을 사는 사람들은 이와 다르다. 매일 같은 일터에 가서 비슷한 일을 하고 늘 만나는 사람들과 반복되는 메뉴의 밥을 먹는다. 나누는 이야기도 뻔하다. 도통 새로운 관심사에 눈을 돌리거나 자극을 받기가 힘든 환경이다. 게다가 아침에 출근하기 바쁘고 퇴근 이후에는 지칠 대로 지쳐서 쉬느라 바쁘다. 세상일에 관심을 갖기가 쉽지 않은 게 당연하다. 어떤 질문에도 참신한 답변을 하기가 어려운 상황인 것이다.

그렇다고 언제까지 이런 상황을 방치할 수는 없다. 말을 잘하고 싶다면 말이다. 세상일에 관심을 두지 않는 한 내가 할 수 있는 말은 늘지 않는다. 인풋 없이 아웃풋이 풍부해질 수는 없다. 제한된 상황에서도 최대한 세상일에 관심을 가질 방법을 찾아야지 언제까지 목소리, 발음, 발성 탓만 할 것인가.

첫마디부터 뻔하게 풀고 싶지 않다면, 갑자기 말을 해야 하는 상황에서 크게 당황하지 않고 비교적 마음에 드는 스피치를 하고 싶다면, 세상일에 관심부터 가져봐야 한다. 마음과 머릿속에 담긴 콘텐츠가 있어야 무슨 말이든 할 수 있기 때문이다.

당장 세상일에 대해 없던 관심이 갑자기 생기진 않겠지만 평소보다 시야를 조금이라도 더 넓게 가져보려는 노력은 필요하다. 아무것에도 관심이 없는 사람보다는 조금 더 할 말이 생길 것이다. 갑자기 어떤 것들에 관심을 둬야 하는지 감이 오지 않는다면 다음의 목록을 참고해보자.

1. 베스트셀러

요즘 사람들이 많이 보는 책은 무엇인지 일일이 다 읽어볼 순 없어도 목록 정도는 알아두는 것이 좋다. 트렌드 분석까지는 아니지만, 그래도 남들의 관심사나 최근 이슈가 되는 주제, 키워드 정도는 알 수 있어야 첫마디로 풀어내기 좋은 소재를 비교적 빨리 찾을 수 있다. 말할 거리를 빨리 찾아야 첫마디의 두려움이 크게 줄어든다.

2. 유행하는 드라마나 영화, 음악

유행하는 드라마나 영화, 음악도 마찬가지다. 사람들이 좋아하는 문화가 무엇인지, 관심을 갖고 소비하는 콘텐츠가 무엇인지를 알아두면 좋다. 특히 드라마, 영화의 줄거리나 노래 가사는 하나의 스토리라인을 갖고 있어서 내가 말하고 싶은 주제를 스토리텔링으로 풀어내고 싶을 때 큰 도움이 된다.

3. 실시간 검색어

실시간 검색어에 대해 부정적인 의견을 갖고 있는 사람도 꽤 있다. 실시간 검색어는 지금 사람들이 관심을 갖고 있는 대상이어야 하는데, 때로는 사람들이 관심을 가져줬으면 하는 대상을 실시간 검색어에 올려 여론의 주목을 의도하기도 하기 때문이다. 그래서 더욱 찬반 의견이 갈리는 이슈를 확인하기에도 용이하다. 어쨌든 실시간 검색어를 보면 지금의 이슈를 바로 확인할 수 있고, 그에 대한 나의 의견을 정리해 보는 연습이 가능하다. 찬반 논란에 어떤 이야기들이 있는지, 그에 대한 근거는 무엇인지 등을 정리하는 연습을 자꾸 해보면 내 의견을 말할 때 잘 활용할 수 있다.

4. 다른 사람들과의 대화

다른 사람들과 나누는 대화에도 귀를 기울일 필요가 있다. 다시 만날 일 없을 것 같은 사람, 내가 좋아하지 않는 사람, 오랜만에 만났지만 안 친한 사람조차 나에게 영감을 주거나 도움이 되는 이야기를 어쩌다 하는 경우가 있다. 그 대화의 소재를 잘 메모해두었다가 나중에 스피치에 활용하면 아주 좋은 사례가 될 수 있다. 내가 실제로 나눈 대화, 직접 겪은 이야기만큼 구체적인 스피치는 없기 때문이다.

5. 유명한 사람들의 인터뷰 기사

요즘은 너무 쉽게 유명인들의 인터뷰 기사를 접할 수 있다. 네이버의 'JOB&'이라는 카테고리만 봐도, 또는 궁금한 사람의 이름만 검색해봐도 수많은 인터뷰 기사를 읽을 수 있다. 그들의 성공 스토리를 참고하라는 게 아니다. 자신의 이야기를 풀어내는 말에 관심을 조금만 기울여보자는 것이다. 자신의 이야기를 전달하는 건 생각보다 쉽지 않다. 그러나 그 이야기들을 자주 읽다 보면 나의 이야기를 전달하는 방식에도 참고가 된다. 그들의 다양한 경험들, 고난을 극복했던 방법, 성공하기까지의 스토리 등을 담은 내용 역시 훌륭한 스피치의 소재가 된다.

이 외에도 세상일에 관심을 기울일 수 있는 것들은 생각보다 많다. 놀이터에서 놀고 있는 꼬맹이들의 대화에서도, 공중화장실에서 잠깐 본 명언에서도 이야깃거리는 얼마든지 존재한다. 그 이야기를 발견하느냐 발견하지 못하느냐는 세상일에 대한 관심도에 달렸을 뿐이다.

첫마디의 두려움을 극복하고 말하기의 소재를 금방 발견하고 싶은 사람이 되고 싶다면, 지금보다 세상에 대한 관심을 조금만 늘리면 된다. 시작은 그거면 충분하다.

첫마디부터 막히는 건 발음이나 발성
등 '스타일링'에 관한 문제 때문이
아니라, 어떤 말을 할 것인지에
해당하는 '콘텐츠'가 없기 때문이다.
어떤 질문을 받고 할 말이 딱히
떠오르지 않는다면, 그건 말하기의
실력이 부족해서가 아니라 그 질문에
대한 생각을 거의 안 해봤기 때문이다.

떨려도 떨리지 않는 척 말하는 법

불안과 긴장을 다루는 연습

아나운서로 활동하던 시절, 나는 마이크가 켜지기 직전이면 침을 천천히 삼키곤 했다. 혹시라도 말을 하는 도중에 호흡이 꼴깍 넘어가면 어쩌나 걱정이 되었기 때문이다. 사람들은 말하기를 직업으로 삼을 정도면 떨지 않고 여유 있게, 게다가 쉽게 말을 할 거라 생각하지만 꼭 그렇지는 않다. 방송을 하는 사람들도 긴장하고 떤다. 최대한 티를 내지 않으려고 노력할 뿐이다.

대부분의 사람들은 남들 앞에서 말할 때면 긴장하고 불안을 느낀다. 나만 떠는 게 아니라는 뜻이다. 떨지 않고 말하는 게 자동적으로 가능한 사람은 손가락에 꼽을 정도로 드물다. 여러 사람들 앞에서 말하는 것과 친한 친구들 사이에서 수다를 떠는 것은 엄연히 다르다. 낯선 사람들이나 잘 보여야 하는 사람들 앞에서 공식적인 말하기를 해야 할 때 긴장하지 않는 게 더 이상하다.

내가 만난 거의 모든 수강생들의 고민 중에는 한결같이 '떨지 않고 말하고 싶다'라는 게 포함되어 있었다. 사람들 앞에서 말을 하려고 하면 머리가 하얗게 변한다거나, 눈앞이 캄캄해진다거나, 무슨 말을 하고 있는지 모른다며 긴장했을 때의 상황을 많이 힘들어했다. 이들은 긴장한 탓에 호흡이 빨라지고 진땀이 나기 시작하면서 시선도 불안해지고 말투도 어색해졌다. 떠는 것만 조금 줄어도 제대로 실력 발휘를 할 수 있을 텐데, 자신이 떤다는 걸 스스로 알아차리는 순간부터 속절없이 무너졌다.

떨려도 티가 나지 않는 사람들의 습관

분리불안이나 공황장애 등의 불안장애까지는 아니지만, 일상적으로 흔하게 겪는 불안증 중에 '시험불안'이 있다. 이는 시험을 앞두고 단순히 긴장되는 수준을 넘어 시험의 결과에까지 영향을 미칠 정도로 정상적인 사고가 이뤄지지 않는 것이다. 게다가 극심한 불안으로 인해 소화가 안 되고 잠을 못 자고 땀을 뻘뻘 흘린다거나 신경이 지나치게 예민해져 정신적으로 힘든 상태에 이르기도 한다. 공식적인 말하기를 앞두고 너무 떨려서 힘들다고 생각하는 사람들이 이 '시험불안'에 해당하는 게 아닐까 싶다.

시험불안은 대개 시험을 자주 보는 학생들에게 나타난다지만, 직장인들이 이와 비슷한 긴장감과 불안을 느끼는 이유는 무엇일까? 모르긴 해도, 자신의 말하기 순간마저 평가를 받아야 하는 상황 때문이라는 생각이 든다. 내가 이 발표를 잘했을 때 얻게 되는 결과와 망쳤을 때 감수해야 하는 결과를 뻔히 알고 있기에 잘해야 한다는 부담이 클 것이고, 그 부담이 커다란 불안을 가져오는 건 어쩌면 당연한 게 아닐까? 이럴 때 '나는 충분히 잘할 수 있다'고 생각하면 좋겠지만, 그게 말처럼 쉽지 않으니 답답할 수밖에.

그렇다면 심리학에서 말하는 '시험불안'의 극복법은 무엇일까? 불안의 요인을 시험 보는 날의 날씨나 나의 컨디션, 징크스 등의 '외적 통제'에 돌리지 않고, 나의 노력이나 심리적인 문제인 '내적 통제'로 받아들이는 것이다. 즉, '무엇 때문에 시험을 망치게 생겼다'는 생각이 아니라 '내가 노력하고 마인드컨트롤을 하면 결과가 좋아질 수 있다'는 생각을 해야 한다.

말하기도 마찬가지다. 솔직히 말하자면 조금도 떨지 않고 말하는 방법은 없다. 긴장하고 떨리는, 그래서 불안해지는 마음을 단번에 없앨 수는 없다. 다만 나의 노력과 의지로 그 불안을 어느 정도 잠재울 수 있다는 '내적 통제'의 주도성을 갖는다면, 다행히 조금이나마 긴장감이 완화될 수 있다.

공식적인 말하기에서 내적 통제에 도움이 되는 방법은 분명 있다. 자신감을 갖고 스스로를 믿으라는 말과 같은 뜬구름 잡는 식의 단순한 응원이 아니다. 떨면서도 떠는 티가 거의 나지 않는 사람들이 자주 사용하는 다음의 네 가지 방법들을 참고해보자.

1. 내가 제일 잘 알고 있는 이야기를 한다

회사에서 중요한 분들을 모시고 발표를 해야 한다고 생각해보자. 그 자리는 당연히 떨릴 것이다. 그 일을 망치게 될 경우 후폭풍까지 생각한다면 더욱 긴장이 되지 않을 수 없다. 그런데 그 떨림이 단순히 잘해야 한다는 부담감 때문만은 아니다. 그 자리에 있는 사람들 중에는 나보다 그 일에 대해 더욱 잘 알고 있는 이들도 있기 때문에 더 떨린다. 질문을 받고 제대로 대답을 하지 못하면 어쩌나 하는 걱정도 섞여 있어 단순한 긴장을 넘어 불안이 섞인 떨림까지 느껴지는 것이다.

이 불안감을 최대한 줄일 수 있는 방법은 딱 하나다. 내가 제일 잘 아는 사람이 되는 것이다. 내성적이고 소심한 사람이 말이 많아지는 순간이 언제일까? 그건 바로 자신이 정말 좋아하는 주제에 대해 이야기하는 때다. 사내 회의에서는 말수도 별로 없는 사람이 갑자기 야구 이야기에 열을 올릴 수도 있고 요즘 심취한 게임에 대해 설명할 수도 있다. 정말 좋아하는 음식이나 맛집을 소개하는 것, 자신이 키우는 강아지나 고양이에 대해 알려주는 것 등 내용은 무엇이든 상관없다. 이 자리에서 나보다 더 그 주제에 대해 잘 알고 있는 사람이 없을 정도면 누구나 떨지 않고 말할 수 있다.

나는 지나친 긴장 때문에 말하기가 고민이라는 수강생들에게 어떤 내용이어도 좋으니, 자신이 가장 잘 알고 있는 것에 대한 이야기를 해달라고 요청한다. 그러면 그들은 가족에게 들키지 않고 과태료 고지서를 수령하는 법, 세상에서 가장 맛있는 달걀말이를 만드는 법, 정말 특이한 친구에 대한 소개, 자신이 했던 독특한 아르바이트 경험 등 다양한 이야기를 쏟아낸다. 처음 자기소개를 할 때만 해도 힘들어했던 사람들이 한결 편안해진 톤으로 스피치를 한다.

공식적인 말하기도 이와 다르지 않다. 떨지 않고 말하고 싶다면, 마음속 불안감을 줄이고 싶다면, 내가 많이 아는 수밖에 없다. 잘 모르는 이야기를 잘 아는 것처럼 말하려니 당연히 긴장될 수밖에. 발음이나 발성 등의 연습을 고민할 시간에 내가 말할 내용의 전문가가 되는 노력이 훨씬 더 효과적이다. 물론 시간 부족과 같은 현실적인 어려움이 있을 것이다. 하지만 매번 얼렁뚱땅 넘어가려니 말하기가 항상 떨리고 힘들기만 했던 게 아닌가.

말하기는 결국 자신감의 문제다. 내가 잘 알고 있는 이야기를 하는 것만큼 자신감이 저절로 채워지는 것도 없다. 내가 할 스피치의 내용을 준비하고 또 준비할수록 불안한 떨림이 기대 섞인 떨림으로 변하게 된다. 많이 준비한 내용을 잘 발표한 뒤에는 기대 섞인 떨림이 기분 좋은 기억으로 남아 예전처럼 말하기가 고역으로 느껴지지 않을 것이다. 오히려 말하기가 끝난 뒤의 성취감을 기대하게 될 수도 있다.

2. 자다가도 튀어나올 정도의 연습을 한다

내가 할 이야기에 대해 충분히 전문가가 되었다면 이제는 본격적인 연습을 해야 한다. 혼자서 중얼중얼 몇 번 말해보고 마는 연습 말고, 누군가 툭 쳤을 때 연습하던 말이 자다가도 바로바로 튀어나올 정도의 연습을 해야 한다.

처음에는 내가 말하고자 하는 내용을 대본으로 정리해보는 것도 좋다. 커닝 페이퍼를 만들면서 공부가 되는 것처럼 내가 할 말을 미리 정리해보면 분량이나 흐름 등을 한눈에 파악할 수 있게 된다. 쓸데없이 긴 부분을 줄일 수도 있고, 제일 중요한 부분을 부각시키는 구성도 보다 쉽게 할 수 있다.

그렇다고 대본 자체를 모범 답안처럼 달달 외우려고 하지는 말아야 한다. 대본은 어디까지나 내가 말하고자 하는 내용을 간결하게 정리한 것일 뿐이다. 대본을 토씨 하나 틀리지 않고 말해야겠다는 생각은 오히려 말하기의 부담만 가중시키게 된다. 실전에서 대본과 비슷한 흐름으로만 말하면 되는데, 주어나 조사를 다르게 말하는 순간 괜히 당황하는 식이다. 절대 외우려고 하지 말자.

또한 혼자서 대본을 몇 번 읽어보는 것으로 연습을 마쳤다고 생각해서도 안 된다. 그건 읽기 연습이지, 말하기 연습이 아니다. 사람들 앞에서 똑같이 웅얼웅얼 연습하듯 말할 게 아니라면 말이다.

실제로 스피치를 하는 것처럼 연습을 하되, 녹음이나 녹화를 해서 꼭 모니터를 해봐야 한다. 내가 말하는 것을 직접 보고 들으면 나의 표정과 몸짓, 목소리 크기 등을 객관적으로 관찰할 수 있다. 표정이 너무 굳어 있다면 입꼬리를 살짝 올려 웃는 표정을 짓고, 몸짓이 어색하다면 팔 동작도 연습해보고, 목소리가 너무 작아서 잘 안 들린다면 조금 더 크게 말해보는 등 개선하고 싶은 부분을 반영해 몇 번이고 연습하면 된다. 여러 번 녹음이나 녹화를 해보면 알겠지만 맨 처음에 말한 것과 마지막에 말한 것의 차이를 확실히 느낄 수 있을 것이다.

적어도 이 과정을 스무 번은 해봐야 연습을 했다고 말할 수 있다. 이 정도의 연습도 하지 않고 말하는 게 너무 떨리고 어렵다고만 하면 안 된다. 그건 수영을 배우지도 않고 물이 무섭다고 말하는 것과 똑같다. 말하기 연습도 제대로 하지 않고 떨린다고 하는 사람에게 알려줄 수 있는 비법 같은 건 없다. 스스로 '이 정도 연습했으면 됐다' 싶은 마음이 들 때까지 연습을 한 다음에야 긴장감을 이야기해야 한다.

3. 의무적인 시선 맞추기는 그만한다

말하기 요령 중에 눈을 맞추고 이야기하는 게 정말 중요하다는 건 익히 들어 알고 있을 것이다. 내 앞에 사람들이 꽤 많다면, 두세 그룹으로 나누어 골고루 시선을 맞추라는 말도 들어봤을 것이다.

그런데 실제로 해보면 알겠지만 그렇게 많은 사람들을 한꺼번에 마주하게 되면 많이 떨린다. 심지어 그 사람들이 팔짱이라도 낀다면? 꾸벅꾸벅 졸기라도 한다면? 심각한 얼굴로 휴대 전화만 들여다본다면? 나도 모르게 위축되면서 갑자기 자신감이 뚝 떨어지게 된다. 가뜩이나 떨리는 마음이 더 진정되지 않는다.

첫마디를 뗄 때부터 긴장이 많이 된다면 무리해서 모두와 시선을 나누려고 하지 않아도 괜찮다. 여러 명을 쭉 둘러보다가 그중에 유난히 웃는 얼굴로 나를 봐주는 사람이 있다면, 다른 사람들보다 고개를 잘 끄덕여주는 사람이 있다면, 그 사람이 '내 가족이다' 생각하며 그쪽 위주로만 봐도 괜찮다. 그러다 점차 마음에 안정이 찾아오면 그 사람을 중심으로 서서히 시선을 넓히면 된다.

우리도 객석에 앉아봐서 알지만, 앞에서 말하는 사람이 별로라서 집중하지 않는 게 아닐 때도 많다. 전날 잠을 설쳐서 하품이 나올 수도 있고, 아침에 가족과 싸우고 나와서 표정이 안 좋을 수도 있다. 무조건 사람들의 안 좋은 표정을 보고 습관처럼 위축될 필요는 없다. 일단 최대한 긍정적인 시그널을 보내는 사람을 찾아 그 사람 위주로 시선을 맞추며 스피치를 해보자. 첫마디는 그렇게 떼야 지나친 떨림과 긴장이 잦아들 수 있다.

4. 개방형 질문 말고 폐쇄형 질문을 한다

떨리는 마음을 가장 효과적으로 진정할 수 있는 때는 사람들이 내 말을 주의 깊게 들어주고 있었는지를 확인하는 순간이다. 내가 하고 있는 말에 반응을 보일 때라고 할 수 있는데, 내가 먼저 질문을 던져보면 된다. 내 말을 듣고 있던 사람들이 내 질문에 대답을 하는 순간, '내 이야기를 듣고 있었구나' 하는 안도감이 찾아올 것이다.

준비한 말도 제대로 하기 어려운데 질문이라니?! 너무 어려운 과제처럼 느껴지는가? 사람들은 생각보다 적대적이지 않다. 질문을 쉽게 하면 빠른 답변이 돌아온다. 이를테면, 개방형 질문 말고 폐쇄형 질문을 하면 된다. 점심시간이 끝난 직후에 모인 사람들에게 "점심은 맛있게 드셨나요?"라고 물으면 "네"라는 대답이 돌아올 것이다. 이처럼 "네" 혹은 "아니요"로 답할 수 있는 폐쇄형 질문을 하면 된다. 반면 "점심으로 뭘 드셨나요?"처럼 여러 가지 답변이 나올 수 있는 개방형 질문은 가급적 피해야 한다. 순간적으로 뭘 먹었는지 기억이 안 날 수도 있고, 뭘 먹었는지 대답하기 싫을 수도 있다. 게다가 몇몇 사람들이 저마다 각기 다른 답변을 하면 내 귀에 잘 들리지도 않아 소통하기가 더욱 어려워질 수도 있다.

질문하는 게 어렵게 느껴진다면, 텔레비전에 나오는 어린아이들의 인터뷰 장면을 참고해도 좋다. 한여름 계곡에서 물놀이하는 아이들을 인터뷰할 때 기자는 이렇게 묻는다.

"오늘 엄마, 아빠랑 물놀이하니까 좋아요?" 그러면 아이는 "네!"라고 쉽게 답한다. 환하게 웃는 얼굴은 보너스다.

내가 질문을 던지고 답변을 기다리는 동안은 숨을 고르는 시간이기도 하다. 쉬운 질문을 한 다음 1~3초 정도의 시간을 두고 답변을 기다리기만 하면 된다. 사람들의 반응 덕분에 숨도 고르고 긴장도 풀 수 있다. 사람들은 내가 질문까지 던지는 여유 넘치는 발표자라고 생각할 것이다. 그야말로 질문이 가져다주는 일석삼조의 효과다.

단, 정치나 종교 등 민감한 질문은 금물이다. 찬성과 반대로 나뉠 수 있는 질문이 아니라 날씨나 스포츠 등 대부분의 사람들이 "예"나 "아니요"로 답할 수 있는 간단하고 쉬운 폐쇄형 질문으로 준비해야 한다.

내가 말하면 왜 갑자기 분위기가 썰렁해질까?

첫마디가 대화의 분위기를 좌우한다

제72회 칸 영화제에서 황금종려상을 받은 봉준호 감독의 영화 〈기생충〉에는 이런 대사가 나온다.

"실전은 기세야, 기세! 알겠어?"

과외 수업을 하러 온 남자 주인공이 첫 수업 시간에 문제 풀이를 망설이는 여학생에게 하는 말이었다. 맞는 말이다. 모든 일에는 기세가 중요하다. '기세'를 표준국어대사전에서 찾아보면 '기운차게 뻗치는 모양이나 상태'라는 뜻이 나온다. 첫마디를 할 때도 내가 하는 말이 기운차게 뻗어나갈 수 있다면 얼마나 좋을까?

그런데 그 기운이 너무 과하게 뻗치거나 잘못 뻗치는 경우, 첫마디부터 이상한 말을 하는 사람들이 있다. 바로 부정적인 이야기, 면박 주는 말하기로 입을 떼는 이들이다. 말하기에서는 '기세'도 중요하지만, 사실 더욱 중요한 건 '분위기'다.

말이라는 건 나 혼자 하는 게 아니다. 내가 하는 말을 누군가는 들어주고 있다. 그들은 내가 한 말에 대한 반응을 보인다. 이러한 과정이 한데 어우러지면서 상호 작용이 이뤄지는 게 바로 우리가 매일 주고받는 '말'이다. 그런데 이 말이 첫마디부터 부정적인 기운을 가득 담고 있다면, 그 이야기를 듣는 사람은 얼마나 마음이 안 좋겠는가. 당연히 분위기는 썰렁해지고 좋은 이야기가 오가기 힘든 상황이 된다.

방송국에서는 정기적으로 '합평회'라는 걸 한다. 개편을 하고 프로그램이 새로 시작되면 합평회에서 첫 방송에 대해 다 같이 평가하고 개선하면 좋을 점에 관한 이야기를 주고받는다. 그 대상은 주로 신입이거나 연차가 낮은 친구들이 된다. 이 자리에서는 첫마디를 하는 부장님의 입에 모두가 주목하게 되는데, 이때 나오는 이야기는 안타깝게도 좋은 말이 아닐 때가 대부분이다.

부족한 부분이 있는 건 당연하다. 방송 경험이 많지 않은 데다 열심히 하려는 의욕과 과한 긴장이 눈에 들어올 수밖에 없다. 10~20년 방송을 해온 선배들이 그걸 눈치채지 못할 리 없다. 독설로 첫마디가 시작된다. 마치 오디션 프로그램에서 혹독한 평가를 하는 심사위원과 비슷하다. 첫마디부터 부정적인 평가가 시작되고 분위기는 금세 얼어붙는다. 이어지는 모니터 의견도 별반 다르지 않다. 그야말로 겨울왕국이 따로 없다.

나 역시 신입 시절 그런 자리에서 평가를 많이 받아보았다. 시간이 꽤 흐른 지금은 분위기가 많이 바뀌었다지만, 내가 신입이었을 때 선배들의 기세는 보통이 아니었던 것으로 기억한다. 첫마디부터 듣게 되는 이야기에는 상처가 되는 말도 많았다. 그런데 연차가 쌓이고 어느새 후배들의 합평회에 참석하는 선배가 되고 나서는 나도 그 비슷한 말들을 하곤 했다. 개구리 올챙이 적 생각 못 한다는 속담이 딱이었다.

특히 아직도 후회로 남는 합평회의 장면이 하나 있다. 왜 내가 첫마디를 그렇게 했을까. 10년 가까이 시간이 흘렀지만 아주 생생하게 기억이 난다. 입사한 지 얼마 되지 않았던 후배는 첫 방송을 며칠 앞두고 엄청난 시간을 들여 연습을 했다. 사무실에서 보이지 않아 찾아보면 비어 있는 스튜디오에서 예외 없이 방송 연습 중이었다. 그러다 방송을 시작하기도 전에 지쳐 쓰러지는 게 아닐까 싶을 정도로 열심히 연습을 했던 후배였다. 나는 그 과정을 전부 지켜보며 너무 긴장하지 않아도 된다는 말을 했던 것 같기도 하다.

드디어 그 후배의 디데이가 찾아왔다. 그동안 갈고닦은 기량을 마음껏 발휘하기만 하면 되었다. 하지만 안타깝게도 그녀는 너무 긴장한 탓에 연습한 만큼의 실력을 보여주지 못했다. 이렇다 할 방송 사고는 없었지만, 누가 봐도 첫 방송이 매끄럽지 못했다.

그녀의 합평회를 위해 사람들이 모였고, 예측 가능하게도 부장님의 첫마디는 잘못을 지적하는 내용뿐이었다. 내가 발언할 차례가 되었을 때, 나 역시 그 비슷한 말을 했다. 목소리의 톤이 너무 높았고, 말이 빨라 듣는 사람 입장에서 같이 숨이 차는 느낌이었으며, 노래 소개는 조금 더 천천히 또박또박 했어야 했다는 등의 내용이었다. 다시 생각해도 얼굴이 화끈거린다. 나는 왜 후배에게 좋은 말을 한마디도 해주지 못했을까 후회가 된다.

다시 그때로 돌아갈 수 있는 기회가 생긴다면, 나는 첫마디에서 그동안 열심히 연습한 후배의 시간들을 칭찬해주고 싶다. 누구보다 열심히 준비한 걸 옆에서 보아온 사람으로서 그래도 사고 없이 무사히 마쳐서 다행이라고. 당연히 첫술에 배부를 순 없고, 오늘 방송을 해봤으니 다음에 무엇을 더 연습하고 준비하면 될지 알 거라고 말해주고 싶다. 그다음에야 이건 이렇게, 저건 저렇게 연습하면 좋다는 팁을 덧붙일 것이다. 처음부터 '다다다다' 지적하듯 말하지 않고.

긍정적인 표현을 첫마디로

오디션 프로그램을 볼 때마다 공통적으로 느끼는 게 있다. 여러 명의 심사위원들 중 가장 고참(?) 격으로 보이는 사람의 첫마디가 정말 중요하다는 것이다. 그 사람이 "평가할 게 없을 정도로 최악이다."라거나 "이건 이래서 안 좋고 저건 저래서 별로다."라는 식의 발언을 하면 옆에 있던 심사위원들도 대체로 좋은 말을 하지 않는다. 오디션 프로그램이 생긴 초창기 시절에는 특히 심했다. 그래도 최근에는 칭찬부터 하고 개선할 점을 이야기하거나, 다른 사람이 안 좋았다고 발언해도 누군가는 "나는 좋았다."라고 말하는 경우도 보인다. 참 아름다운 풍경이다.

내가 하는 첫마디가 대화의 분위기를 좌우한다. 그 분위기를 일부러 나쁘게 몰고 가고 싶은 게 아니라면 일단은 좋은 말로 시작한 다음 험악하지 않은 분위기 속에서 실질적인 피드백을 하는 게 어떨까?

진화심리학에 따르면 사람의 뇌는 긍정적인 일보다 부정적인 일을 더 잘 기억하도록 진화해왔다고 한다. 그게 생존에 더 유리하기 때문이다. 먹고 탈이 났던 식물이나 사람을 잡아먹는 동물 등을 기억해야 하는 게 그 예다. 이렇게 나에게 해를 끼쳤던 나쁜 것들을 잘 기억해두어야 비슷한 위협이

왔을 때 살아남기 위한 방법을 더 빨리 찾을 수 있다.

오랜 시간이 흘렀어도 사람의 뇌는 여전히 부정적인 일을 더 강력하게 기억한다지만 이제는 생명의 위협이 예전처럼 존재하는 시대가 아니다. 말을 단순 전달의 기능이 아닌 소통의 의미로 생각해본다면, 첫마디부터 긍정적인 말로 시작하지 않을 이유가 없을 것 같다.

내가 첫마디를 시작했을 때 어떤 분위기가 형성되길 바라는가? 급속도로 냉각된, 썰렁한 분위기를 원하는 사람은 없을 것이다. 지금까지도 후회로 남는 합평회 이후, 나는 말하기 수업 시간이면 항상 긍정적인 평가를 먼저 한 후 개선하면 좋을 점들을 이야기한다. 단순히 분위기를 좋게 하기 위해서가 아니다. 누구에게나 장점이 있기에 그 점을 먼저 보고 말해줄 뿐이다. 좋은 이야기를 발견하기 위해 집중할수록 첫마디가 좋아진다.

사실 부정적인 말은 쉽다. 생각나는 대로 말하면 그만이다. 반면 긍정적인 말은 내 이야기를 듣는 사람 입장에서 한 번 더 생각하고 말해야 하기 때문에 다소 시간이 걸린다. 어렵다면 어렵다.

그런데 쉽게 말하는 게 더 좋다고 부정적인 말을 습관처럼 하게 되면 나중에는 나 자신에 대한 이야기를 할 때도 깎아내리는 말을 더 많이 하게 된다. "저는 사진발이 잘 안 받아요."와 같은 말을 쉽게 하는 것이다. 별 느낌이 없었던 사람도 갑자기 그런 말을 들으면 '그런가? 사진이 별로인가?' 하며 그런 것도 같다는 생각을 하게 된다. 이럴 때는 "저는 실물이 훨씬 더 나아요."라고 말하면 된다. 같은 현상도 좋은 쪽으로 표현하면 그게 바로 긍정적인 표현이 된다. 사과가 싫은 게 아니라 사과보다 다른 과일을 더 좋아한다고 말해도 되고, 아침 일찍 일어나는 걸 못한다는 말보다 밤에 집중이 훨씬 잘돼서 밤에 일할 때 능률이 더 오른다고 말해도 된다. 같은 말이라도 '아 다르고 어 다르다'라는 말이 괜히 있는 게 아니다.

어떤 말이 더 기분 좋게 들리는지, 어떤 말이 더 좋은 분위기를 만드는지를 모르는 사람은 없다. 이러한 긍정적인 표현을 첫마디로 사용할 수 있게끔 항상 신경을 쓰면 좋겠다.

처음 만나는 사람과
어색하지 않게 말문을 열고 싶다면

성공하는 스몰토크 오프닝

처음 만나는 사람과 대화를 해야 할 때 어색함을 참지 못하고 쭈뼛거리는 사람이 있는가 하면, 처음 만난 사이 같지 않게 자연스러운 대화를 나누는 사람도 있다. 자연스럽게 이야기를 주고받는 걸 '스몰토크'라고 한다. 우리말로는 '잡담' 정도가 되겠다.

적당히 답하고 호응할 수 있는 내용들이 스몰토크의 주된 소재가 된다. 요즘 날씨나 유행하는 영화, 교통 상황, 지난밤의 스포츠 경기 결과, 시청률이 높은 TV 프로그램 등을 주제로 낯선 사람과 잡담을 나눌 수 있다면 스몰토크에 강한 편이라고 볼 수 있다. 참고로 종교나 정치 등 민감한 주제는 스몰토크에 적합하지 않다.

고작 날씨나 교통 상황 등의 이야기라니! 스몰토크가 상당히 시시한 이야기처럼 느껴질 수도 있겠지만 그렇지 않다. 스몰토크는 이야기의 시작, 즉 나의 첫마디를 아주 근사하게 만들어주는 장치이기도 하다. 특히 여러 사람 앞에서 어떤 이야기를 해야 할 때, 무슨 말로 시작해야 할지 모르겠다면 무조건 스몰토크를 떠올려도 좋다.

상황에 따라 바로 본론으로 들어가야 하는 예외적인 경우도 있지만, 대부분은 사람들의 집중력을 끌기까지 오프닝 같은 이야기로 시작해야 한다. 오프닝을 뻣뻣하게 시작할수록 사람들은 앞으로의 이야기도 지루할 것이라 생각하기 때문에 보다 말랑하게, 그러면서도 본론과 연관성을 지어서 첫마디를 시작하면 정말 좋다.

누구나 자연스럽게 시작할 수 있다

나는 아나운서로 활동하면서 수많은 현장에서 공식 행사를 진행해왔다. 그러다 보니 정부 기관, 여러 단체, 기업 등이 주최하는 행사 현장에서 직접 보고 들은 개회사, 축사 등의 스피치가 상당히 많다. 솔직히 말하면 지루하고 긴 내용이 대부분이라 스피치 때문에 초과된 시간을 감안하며 전체 행사 시간을 맞추기 위해 애를 써야 했던 순간들도 많았다.

이때 내가 경험한 스피치의 80%를 차지하는 유형은 준비해온 연설문을 보고 읽는 것이었다. 이렇게 좋은 날 고마운 분들과 뜻깊은 시간을 나눌 수 있어 영광이라는 말로 시작하는 내용은 어딜 가나 들을 수 있는 레퍼토리였다. 그다음 이어지는 내용은 내빈 및 귀빈을 일일이 소개하며 와주셔서 감사하다는 인사를 하는 것이었고. 객석에 앉아 있는 관중들과 눈을 마주치는 경우는 별로 없었다. 관중들도 스피치에 특별히 귀를 기울이는 일은 없는 편이었다. 그래도 처음 만나는 사이라 어색함을 깨는 첫마디가 있으면 분위기가 달라질 텐데, 스몰토크가 없으니 그저 스피치가 빨리 끝나길 기다리는 분위기랄까.

그러던 어느 날, 내가 만난 최고의 스몰토크로 시작한 스피치가 있었다. 유난히 땡볕이 내리쬐는 5월이었다. 계절로는 봄이었지만 한여름을 방불케 하는 날씨였다. 문제는 그늘막 하나 없는 야외 행사였다는 점이다. 지역에 의미 있는 목적의 건축물이 들어서는 걸 기념하는 착공식이 진행되는 날이었다. 야외로 진행할 수밖에 없는 행사였던 터라 주최 측은 종이 모자를 증정했고, 동네 어르신들은 얄궂은 종이 모자 하나로 겨우 햇빛을 가린 채 플라스틱 의자에 앉아 행사가 시작되길 기다리셨다.

드디어 행사가 시작되었고, 준비된 식순이 차례로 진행되었다. 정해진 순서에 따라 축사 스피치를 듣는 순간이 되었다. 이미 사람들은 더위에 지칠 대로 지쳤고, 그저 빨리 끝나기만을 기다리는 분위기가 가득했다. 그런데 축사의 첫마디를 듣는 순간 사람들은 환한 얼굴로 웃기 시작했고, 훈훈한 분위기 속에서 적당한 분량의 축사 스피치가 마무리되었다. 축사의 주인공은 어떤 첫마디를 했기에 사람들의 마음을 건드릴 수 있었을까?

제가 이 자리에서 축사를 하게 된 건 그 누구보다 이 자리를 빛낼 수 있는 사람이기 때문이 아닌가 싶습니다. 제가 다른 사람보다 좀 빛이 많이 납니다.

준비해온 종이 한 장 없이 단상 위로 올라간 그분은 별로 없는 자신의 머리숱 이야기로 첫마디를 시작했다. 사람들은 웃었고 그의 이야기를 기꺼이 끝까지 들을 용의가 있다는 듯 집중했다. '어느 지역이나 빛이 되는 장소가 필요한데 오늘 첫 삽을 뜨는 이곳이 빛이 되는 장소가 되길 바란다, 여기 계신 분들이 모두 한마음으로 이 사업을 축하하고 있다는 걸 알고 있다, 나 역시 그 마음을 담아 완공식까지 축하할 수 있길 바란다' 등의 내용으로 이어진 스피치는 더할 나위 없이 완벽했다.

이 스피치는 첫마디로 사람들의 마음을 열게 했고 목적에 맞는 말로 마무리까지 깔끔하게 끝냈다. 축사가 끝나자 짜증 섞인 표정을 짓던 사람들은 즐겁게 웃으며 박수를 쳤다. 헤어스타일을 소재로 한 스몰토크 오프닝이 빛을 발한 순간이었다. 첫마디가 구태의연하고 지루하기만 했다면 이런 좋은 스피치가 될 수 있었을까 싶다.

회사에서 발표를 해야 할 때, 회의를 하다가 중요한 의견을 내야 할 때 무슨 말로 시작할지 너무 고민이 된다면, 이제는 스몰토크를 활용한 오프닝을 떠올려보자. 일상의 이야기인 듯 느껴지지만 어느새 본론으로 넘어가버려 스피치가 훨씬 더 자연스러워진다.

만약 성과를 내기까지 예정된 기한보다 시간이 더 필요한 일이 있다고 치자. 공식적인 자리에서 조금 더 시간을 달라는 말을 하고 싶은 경우엔 스몰토크 오프닝을 다음과 같이 말해보면 어떨까.

혹시 오래전에 MBC에서 방영했던 〈전파견문록〉이라는 프로그램을 아시나요? 유치원에 다니는 아이들이 퀴즈를 내면 연예인 게스트가 맞히는 방송이었습니다. 단순한 퀴즈인가 싶었는데, 아이들이 문제를 내는 수준이 엄청났습니다. '아주 작은데 이 안에 다 들어 있어요.' 이 퀴즈의 정답이 무엇인지 아시는 분 계신가요? 지갑? 가방? 사람의 눈? 정답은 '씨앗'이었습니다. 손톱보다 작은 씨앗을 심은 다음 뿌리, 줄기, 이파리, 꽃, 열매로 자라는 식물을 본 아이의 퀴즈였습니다. 생명이 담겨 있으니 정말 '다' 들어 있는 게 맞는 거죠. 그런데요. 그 전부를 보려면 어느 정도의 시간이 필요합니다. 씨를 심었다고 하루 만에 싹이 나는 것도 아니고, 일주일 만에 열매를 맺는 것도 아니니까요.

저희 프로젝트도 마찬가지입니다. 이제 줄기가 자라기 시작했고, 머지않아 이파리에서 꽃망울을 보게 될 날이 코앞입니다. 어린아이도 전부를 확인하기까지 시간이 걸리는 걸 알기에 '씨앗'부터 생명을 바라보는 게 아닐까요? 그 시간이 부족해 전부를 확인하지 못하는 것만큼 안타까운 일은 없을 겁니다. 그렇다고 무한정 시간을 달라고 요청드리는 게 아닙니다. 지금부터 얼마의 기간이 더 필요한지, 그리고 그 기간 동안 어떤 과정으로 이 프로젝트의 성과를 도출할 것인지에 대한 구체적인 방향을 말씀드리겠습니다!

본격적인 본론이 나오기 전까지의 스몰토크 오프닝 예시이다. 단순하게 "시간이 더 필요합니다."라고 이야기하는 것보다 TV 프로그램의 한 에피소드를 예로 들며 내가 진짜 하고 싶은 말로 넘어가는 게 더 자연스럽지 않은가? 첫마디를 일상적인 이야기로 시작하면 어색한 말하기가 되지 않는다. 경직된 스피치처럼 느껴지지 않기 때문이다.

공식적인 자리에서의 스피치라고 해서 반드시 딱딱하게 말해야 하는 건 아니다. 얼마든지 스몰토크를 활용해도 된다. 그렇게 접근한 말하기는 본론이 지루하지 않을 거라는 기대감도 준다. 평소에 보고 듣고 느끼는 것들을 잘 수집해 두었다가 무슨 말로 이야기를 시작해야 할지 고민이 될 때 스몰토크 오프닝으로 활용하면 좋겠다. 무슨 말을 해야 할지 몰라 첫마디부터 쭈뼛거리며 어색해하지 않아도 괜찮다. 스몰토크 오프닝으로 자연스럽게 느껴지는 말하기를 얼마든지 할 수 있으니까!

회사에서 발표를 해야 할 때, 회의를 하다가 중요한 의견을 내야 할 때 무슨 말로 시작할지 너무 고민이 된다면, 이제는 스몰토크를 활용한 오프닝을 떠올려보자. 일상의 이야기인 듯 느껴지지만 어느새 본론으로 넘어가버려 스피치가 훨씬 더 자연스러워진다.

재미없는 사람은 이제 그만 하고 싶다

비틀어서 새롭게 보는 연습

언젠가 회사 선배가 여름휴가 때 있었던 이야기를 해준 적이
있었다.

> 내가 지난주에 가족이랑 다 같이 부산 해운대에 다녀왔잖
> 아. 모래사장에서 애 아빠가 맥주를 마시려고 했어. 자리를
> 잡는 동안 땀을 잔뜩 흘렸거든. 아이스박스에서 맥주를 꺼내
> 면서 엄청 기대를 하더라고. 콧노래까지 불렀으니까. 근데
> 시원한 맥주의 첫 모금을 딱 마시려고 했는데, 갑자기 큰애
> 가 나타나서는 흙을 맥주에 탁 뿌리는 거야! "아빠, 흙(?)맥
> 주 마셔." 이러면서!!

그 당시 유치원에 다니던 선배의 큰아들은 이제 어엿한 청
소년이 되었다. 그렇게 오랜 시간이 지났음에도 이 이야기는
여전히 인상적인 에피소드다. '어린이의 순수함'이나 '맞춤법

표기와 발음' 등에 대해 말하고 싶을 때 이 이야기로 첫마디를 시작하면 자연스럽고 편안한 스피치가 될 것이다.

내가 직접 겪은 이야기라면 더할 나위 없이 좋은 스피치의 소재가 된다. 심지어 나는 들은 이야기를 가지고도 이렇게 활용한다. 내가 보고, 듣고, 경험한 모든 에피소드가 내가 할 말의 아주 소중한 재료들이 된다. 특히 첫마디를 열 때처럼 막막하고 낯설게 느껴지는 순간에는 정말 소중한 아군이라고 생각해도 좋다.

내가 겪은 일을 포함해서 주변에서 일어나는 다양한 일들이 내가 할 말의 에피소드가 된다. 다만 그 에피소드를 있는 그대로 "그랬대, 저랬대." 식으로 전달하면, 그건 스피치가 아니라 친구들과의 수다에 지나지 않는다. 공식적인 말하기에는 언제나 핵심 주제가 있어야 하기 때문이다.

재미있거나 인상적인 이야기를 단순히 전달하는 것을 스피치라고 말하기는 어렵다. 내가 '흙맥주' 이야기를 '어린이의 순수함'이나 '맞춤법 표기와 발음'이라는 주제와 연관시켜 활용하면 좋다고 말한 이유도 여기에 있다. 에피소드는 어디까지나 말하기의 소재일 뿐, 그 자체가 주제가 될 수는 없다. 그 에피소드로 오프닝을 했다면 그 에피소드로 깨달은 것이 본론이자 결론이라고 생각해야 한다.

그런데 우리의 일상은 언제나 시트콤이 아니다. 아무리 눈에 불을 켜고 첫마디의 풍부한 재료가 되어줄 에피소드를 찾아 나선다 해도 날마다 재미있는 일이 여기저기서 생기는 게 아니지 않은가?

이럴 때 '인용'은 아주 훌륭한 대안이 된다. 진실한 사랑의 이야기를 하고 싶다면 자신의 목숨을 버리고 왕자를 지키는 길을 선택한 '인어 공주'의 이야기를 인용할 수 있다. 동물과 사람의 교감, 똑똑한 강아지의 지능에 대해 스피치를 해야 한다면 실화를 기반으로 한 동물 영화 스토리로 첫마디를 시작할 수도 있다.

단, 있는 그대로의 인용은 쉽게 예측할 수 있기 때문에 전체적인 말하기가 다소 밋밋해질 가능성이 크다. 《인어 공주》나 개봉한 지 오래된 영화 이야기는 대부분의 사람들이 알 텐데, 누구나 아는 이야기를 활용해 뻔한 흐름의 스피치를 한다면 그렇고 그런 말하기가 되는 셈이다.

내가 추천하고 싶은 방법은 '변형'을 가미한 인용이다. 기존의 이야기에 나만의 시각을 추가해 이야기를 살짝 비틀어 인용하는 것이다. 《스피치가 두려운 당신, 어떻게 말해야 하는가?》의 공저자인 신성진은 영화 〈올드보이〉를 활용해 노후 준비 관련 칼럼을 쓴 적이 있다. '15년 동안 사설 감옥에

갇혀 군만두만 먹고 사는 영화 속 주인공은 과연 15년 동안 만두값이 얼마나 들었을까?' 하는 의문으로 글은 시작된다. 정말 새로운 접근이다. 만두 가격을 5000원으로 잡고 혼자서 15년 동안 세 끼를 먹는다고 계산하면 8000만 원이 넘는다. 이 계산을 은퇴한 부부에게 적용하면 어떨까? 물가상승률을 감안해 만두가 1만 원이 되고 두 명이서 15년 동안 세 끼를 먹는다면 6억 5000만 원 이상이 된다. 그는 묻는다. 만두 먹고 살 준비는 되어 있느냐고.

100세 시대를 맞아 노후 준비가 중요하다는 단순한 말로 시작했다면 얼마나 지루하고 읽기 싫은 글이 되었을까? 그는 영화 〈올드보이〉의 설정을 인용했지만, 최민식이 먹는 만두의 값을 계산하는 것으로 자신만의 시선을 새롭게 추가했다. 많은 사람들이 알고 있는 이야기임에도 흥미롭게 접근할 수 있는 지점이었다.

이런 식의 인용 연습은 첫마디를 자신 있게 하도록 도와준다. 누구나 아는 내용을 나만의 시선으로 비틀어 표현하면 듣는 사람 입장에서도 얼마든지 새롭게 느껴지는 이야기가 되기 때문이다.

지루하지 않게 말하는 사람의 비결

우리는 어째서 지루하고 예측 가능한 사람이 되었을까? 많은 사람들이 공식적인 말하기를 할 때도 뻔하고 고리타분한 표현밖에 생각나지 않는다고 한다. 나는 이 문제가 결코 사람들의 창의력 부족 때문이 아니라고 생각한다. 일방적으로 받아들여야 했던 수십 년간의 획일적인 교육 방식과 궁금한 걸 물어도 말대꾸로 치부해버린 어른들의 태도가 원인이다. 그러니 내가 말을 재미없게 하는 것에 대해 '나의 말하기 실력이 부족해서'라고 자책하지 말길 바란다. 그런 순진한 마음은 당장 쓰레기통에 버려도 좋다. 나의 스피치 실력을 늘리는 데 조금도 도움이 되지 않는다. 문제점에 대한 정확한 진단은 이렇다. 우리의 지루한 말하기는 자유롭게 생각하는 방식을 제대로 접해보지 못한 탓일 뿐이다.

이제부터는 어떤 영화나 드라마를 보든, 책을 읽든, 교훈적인 설교를 듣든 무조건 '아, 그렇구나!' 식의 착한 태도를 버리자. 그리고 의심하자. '왜? 아닌 것 같은데?' 혹은 '이상한데?'라면서 의심하고 또 의심하자. 그러면 너무 당연하게 받아들여 이상함을 조금도 발견하지 못했던 이야기들이 조금씩 다르게 보일 것이다.

가령 동화 《백설공주》를 생각해보면 백설공주는 일곱 난쟁이 집에 무단 침입을 했다. 일종의 범죄다. 일곱 난쟁이는 백설공주 때문에 평온한 일상을 방해받았다. 그들에게 백설공주는 귀인이 아니라 훼방꾼이었을 수도 있다. 혹은 이와 반대로 생각해봐도 된다. 일곱 난쟁이 중 누군가가 백설공주에게 반하지는 않았을까? 꼭 왕자만 백설공주를 좋아해야 하는 것일까? 연극 〈백설공주를 사랑한 난장이〉에 나타난 발상이다. 기존 이야기에 참신한 시각을 추가함으로써 빛을 발한 기획이다. 또한 헐리우드 영화 〈스노우 화이트 앤 더 헌츠맨〉에서의 백설공주는 자신의 목숨을 지키기 위해 스스로 숲에 들어갔고, 자신을 죽이러 온 남자와 함께 왕비를 처단하는 액션을 선보인다. 색다른 비틀기가 있었기에 탄생한 이야기였다.

《신데렐라》는 또 어떤가? 신데렐라는 신분 상승의 아이콘으로 알려져 있지만, 그녀는 원래 귀족이었다. 왕자가 여는 파티에 초대될 정도의 집안이었기 때문에 새엄마와 언니들이 파티에 갈 수 있었던 것이다. 애초부터 왕자와 결혼해도 전혀 문제없는 신분이었다. 게다가 가만히 생각해보면 그녀는 착하고 여리기만 한 캐릭터도 아니다. 마부까지 풀 세팅된 호박 마차는 물론이고 자신을 위한 맞춤 드레스와 유리구두까지 손 하나 까딱하지 않고 구했다. 이 얼마나 뛰어난 능력인가? 그 길로 왕자를 만나 춤을 추었고, 구두를 흘리고 오는 것으로 자신의 존재를 적극 어필했다. 지극히 계략적이다. 어쩌면 그녀는 가련하고 불쌍한 여주인공이 아니라 뛰어난 처세의 고수가 아니었을까?

요즘에는 남녀 차별에 관한 젠더 문제에도 새로운 시각이 생겼다. 흔히 여자는 남편의 집을 '시댁媤宅', 남자는 아내의 집을 '처가妻家'라는 단어로 써왔는데, 이제는 '시댁'을 '시가媤家'라고 부르는 사람이 늘었다. 왜 아내 쪽 집에는 그냥 '집'을 뜻하는 말을 쓰면서 왜 남편 쪽 집에만 '남을 높여 그의 집이나 가정'을 뜻하는 말을 써야 하느냐는 것이다. 이와 비슷한 의견으로 남편의 형제들을 높여 부르는 도련님, 아가씨와 같은 호칭과 아내의 형제들을 높여 부르지 않는 처제, 처남 등의 호칭도 바꾸어야 한다는 여론이 늘고 있다.

이러한 분위기 속에서 '여자가 남자보다 힘이 세다면 세상은 어떻게 되었을까?'라는 상상에서 시작했다는 JTBC 드라마 〈힘쎈 여자 도봉순〉의 결말은 조금 아쉬움이 남는다. 남자들과 비교할 수 없을 정도로 힘이 센 여주인공이 남주인공을 지켜주는 설정은 독특했지만, 아무리 힘이 강한 여자도 재벌과 결혼하는 마무리가 어쩐지 흔한 드라마에서 볼 수 있었던 결말과 비슷하다는 느낌이 들었기 때문이다. 이건 어디까지나 나의 개인적인 의견이지만, 드라마의 결말을 있는 그대로 받아들이지 않고 '왜?'라는 의문을 제기했기 때문에 할 수 있는 이야기라고 생각한다.

식구들이 외출할 때마다 '차 조심'이라는 어르신들의 말씀도 지금은 달리 생각해볼 수 있다. 차도 엄연히 사람을 조심해야 하기 때문이다. 특히 유럽을 여행하며 느꼈던 건 차들이 '사람 조심'을 한다는 것이었다. 사람들이 보행 신호를 무시하고 무단 횡단을 예사로 해도 자동차는 사람들을 위협하지 않고 다 지나가길 기다렸다. 노르웨이에서는 아이들이 지나갈 때면 무조건 차를 멈추었다.

병문안이나 사무실을 방문할 때 으레 사게 되는 피로회복제도 이상하다. '회복'은 '원래의 상태로 돌이키거나 원래의 상태를 되찾음'이라는 뜻이다. 그렇다면 피로회복제는 피로한 상태로 돌아가게 만들어준다는 말인가? '피로회복'이라는 말은 표준국어대사전에 있지도 않다. 다만 누구나 참여해 만들 수 있는 '우리말샘' 사전에는 '몸에 쌓인 피로를 풀어 원래의 상태로 돌이키거나 원래의 상태를 되찾음'이라는 설명이 있다. 이렇게 길게 설명해야 할 거면 아예 처음부터 '어려운 일이나 문제가 되는 상태를 해결하여 없애 버림'이라는 뜻의 '해소'를 쓰면 어떨까? '피로회복'보다 '피로해소'가 박카스 같은 음료를 더욱 간결하게 설명해주는 말이 아닐까?

이런 식으로 어릴 때부터 익숙하게 접해왔던 이야기들은 물론이고 예전에는 당연하게 여겼지만 더 이상 당연하지 않게 된 이야기들까지 하나씩 비틀어서 생각해보는 연습을 시작하면 좋겠다. 어려울 것도 없다. 순진했던 옛날의 내가 세상의 모든 일을 '아, 그렇구나!' 하고 받아들여왔다면, 이제부터는 '이건 좀 아니지 않나?' 하는 질문을 해보면 끝이다.

쉬는 날 동네 도서관의 어린이 도서 코너에 한번 가보자. 문제를 제기하고 싶을 만큼 이상한 이야기들을 의외로 많이 발견할 수 있을 것이다. 동생에게 무조건 양보해야 한다는 가르침은 물론이고 언니, 오빠, 누나, 형의 말을 무조건 따라야 한다는 교훈도 의심의 눈초리로 바라볼 수 있게 된다. 그리고 그 생각들은 전부 내 스피치의 좋은 첫마디 재료가 되어줄 것이다. 이후 점차 드라마나 영화, 소설, 뉴스 등으로 확대해 '그렇구나!'가 아닌 '왜 그렇지?'의 시선으로 바라보면 좋겠다. 할 이야기들은 그렇게 점점 쌓이게 될 것이다.

이러한 소재들은 평소에 잘 관리해두어야 필요할 때 재빨리 써먹을 수 있다. 검색하기 쉽게 컴퓨터 문서로 계속 기록을 해두고 스피치가 필요할 때 꺼내서 활용하면 된다. 처음부터 주제별로 기록을 하는 것도 관리하기 용이한 방법이다.

내가 직접 경험한 것, 대화하며 들은 인상적인 이야기, 책이
나 영상물 등에서 접한 인용 등을 기록해둔 파일은 보석 같
은 재료들이다. 이 파일만 있으면 무슨 말을 어떻게 시작하
면 좋을지에 대한 고민을 쉽게 끝낼 수 있을 것이다.

Step 2

사람들 앞에서 말하는 것이
재밌어지기 시작했다

무사히 첫마디를 넘겼다면, 이야기는 이제부터 진짜 시작이다. 인사와 오프닝만 하고 스피치를 끝낼 게 아니라면 말이다. 내가 하려는 이야기를 듣고 상대방이 적어도 고개는 끄덕여야 하지 않겠는가? 그렇다면 본론에서는 지루해지지 않게 말하는 게 핵심이다.

내가 하고 싶은 말에만 집중하면 곤란하다. 말은 소통의 창구라는 걸 잊지 않는다면, 내 말을 듣는 사람들의 반응도 살펴야 한다는 것에 동의할 것이다. 반응이 좋다면 나의 현재 방식을 계속 유지해도 되고, 반응이 별로인 것 같다면 조금씩 변화도 시도할 수 있어야 한다. 이야기가 진행될수록 사람들이 더 듣고 싶어 하는 말하기가 되면 좋겠다. 이게 말처럼 쉬운 것은 아니지만, 그래서 우리가 책을 읽고 그 방법을 찾아보려고 하며, 같은 이야기도 더 듣고 싶게 만드는 비결을 꼭 배우고 싶은 것이 아닌가.

어쨌거나 우리는 말을 잘하면 유리하다는 걸 알고 있다. 내가 하고 싶어서 하든, 누가 시켜서 어쩔 수 없이 하든 스피치를 해야 하는 계기는 중요하지 않다. 핵심은 이거다. 내가 말을 잘해서 무사히 위기를 넘기는 것은 당연하고, 내가 가진 역량을 말하기 실수로 저평가받지는 않아야 한다는 것이다. 이게 바로 첫마디 이후에도 포인트가 필요한 이유다. 이제 Step 2에 나오는 실용적인 말하기 스킬을 하나씩 익혀보자.

사람들이 하나둘씩 하품하기 시작할 때

강조점 활용하며 말하기

소설가 마크 트웨인Mark Twain은 말했다.

"설교가 20분을 넘어서면 어떤 죄인도 구원할 수 없다."

사람의 집중력에 대해 이토록 명쾌하게 언급하다니! 맞는 말이다. 사람들은 생각보다 오랫동안 집중하지 못한다. 20분 정도라도 집중해서 이야기를 잘 들어주었다면 그들은 최고의 청중이 아닐 수 없다.

그런데 안타깝게도 '말을 하는 사람'의 시계는 다르게 흐를 때가 많다. 준비한 내용 중 반의반도 전하지 못했는데 시간이 훌쩍 지나 있는 경우가 있다. 게다가 그 시간 동안 청중의 집중력은 바닥을 드러내는 신호를 보내기 일쑤다. 팔짱을 낀 채 무표정한 얼굴을 하거나, 고개를 숙이고 휴대 전화만 들여다보거나, 5분에 한 번꼴로 하품을 하거나, 심지어는 꾸벅꾸벅 졸기도 한다.

그런 풍경과 마주하면 말을 하는 사람은 당황한 채 얼어버리기 십상이다. 사람의 뇌에 대해 다룬 한 다큐멘터리에 따르면 인간의 뇌는 특히 두려움과 공포에 민감하며, 아무리 빨리 지나가더라도 인상을 쓰고 있는 얼굴은 반드시 기억해 낸다고 한다. 긴장이 된 상황 속에서도 사람들의 표정이 눈에 잘 들어오는 건, 그중에서도 호의적이지 않은 얼굴을 더 쉽게 파악하는 건 아마 이러한 우리 뇌의 특성과 무관하지 않을 것이다. 원래가 그렇게 설정이 되어 있다고 하니, '유독 떨린다'라거나 '사람들의 표정 때문에 너무 긴장이 된다'라는 걱정은 정말 그만해도 되지 않을까 싶다.

전달력을 높이는 다섯 가지 말하기 스킬

이제 막연하게 걱정하는 대신 사람들의 지루함을 줄이고 집중력을 높이는 말하기 스킬을 활용하면 어떨까. 같은 이야기도 어떻게 전하느냐에 따라 하품을 불러올 수도 있고, 계속 듣고 싶은 내용이 될 수도 있다. 특히 전달력을 높이기 위해서는 '강조'를 담은 말하기 스킬을 적절히 활용할 수 있어야 한다.

내가 평소 밋밋한 스타일로만 말해왔던 건 아니었는지 다음의 다섯 가지 포인트를 짚어보며 점검해보자.

1. 입을 크게 벌려 알아듣게 말하기

적어도 무슨 말을 하는지는 알아들을 수 있는 스피치여야 한다. 무슨 말인지 안 들리면 청중도 처음에 한껏 귀를 기울이다가 어느 순간 포기하게 된다. 어느 정도 전달력을 높이기 위해서는 발음이나 발성 연습까지는 아니더라도 입을 크게 벌리는 노력은 필요하다.

입만 크게 벌리고 말해도 전달력이 훨씬 좋아진다. 입을 크게 벌린다는 건 얼굴 근육을 적극적으로 사용하는 것이라 발음도 더 나아지는 효과가 있다. 이왕이면 입꼬리를 올린 상태로 미소를 머금은 채 입을 크게 벌리면 표정도 한결 부드럽고 자연스러워진다. 목소리를 크게 내는 게 힘들다면 입이라도 조금 더 크게 벌린다고 생각해보자.

2. 중요한 부분은 조금 더 힘주어 말하기

"저는 무조건 A가 중요하다고 생각합니다."라는 말을 한다고 치자. 사람들이 긴장할 때 흔히 저지르는 스피치 실수는 '조사'에 포인트를 주는 것이다. "저<u>는</u> 무조건 A<u>가</u> 중요하<u>다고</u> 생각합니다."처럼 조사에 힘을 주어 말하면 말하는 사람 입장에서는 편하다. 조사 다음에 숨을 돌릴 수 있기 때문이다.

하지만 정말 중요한 말은 조사가 아니다. "**저**는 무조건 **A**가 **중요**하다고 생각합니다."처럼 핵심이 되는 단어가 강조되어야 한다. 내가 말하기 편한 방식보다 전달력이 높은 방식으로 연습해야 한다. 특히 중요한 단어를 강조해서 말하면 지루하지 않은 말하기가 된다. 일정한 톤이 반복되면 졸음을 불러오는 걸 모르는 사람은 없다. 내가 가장 핵심이라고 생각하는 단어를 조금만 더 힘주어 말하는 식으로 강조를 하면 자연스럽게 톤에 변화가 생기면서 스피치의 분위기도 한결 역동적으로 살아난다.

3. 말의 속도에 변화를 시도하기

중요하다고 생각하는 부분에 힘을 주어 말하는 것도 좋지만 말 속도에 변화를 주는 방법을 섞어서 사용하는 것도 좋다. "저는 **무조~건** A가 중요하다고 생각합니다."처럼 강조하고 싶은 부분을 더 돋보이게 하기 위해 일부러 천천히 말하는 것이다. 약간의 구연동화를 하는 것처럼 톤의 높이나 말의 속도에 변화를 주는 것으로 충분하다. 이렇게 하면 일정한 톤이 반복되지 않기 때문에 지루하게 들리지 않는다.

또한 말 속도에 변화를 주기 위해서는 천천히 말하는 것 외에 쉼표를 활용할 수도 있다. 사람들의 주목을 끌기 위해 중요한 말을 하기 전 잠시 뜸을 들이는 것이다. "저는, 무조건 A가 중요하다고 생각합니다."처럼 '저는'을 말하고 한 박자 쉬면 사람들은 '무슨 말을 하려고 그러나?' 하며 더욱 기대를 갖고 다음 말을 기다리게 된다. 적절한 포즈pause는 말의 속도 변화에도 큰 역할을 하므로 잘 활용하면 좋겠다.

당연한 이야기지만, 표현력이 풍부할수록 지루하지 않은, 그러면서도 전달력이 높은 말하기가 된다. 그래서 몇몇 아나운서 지망생들은 풍부한 감정 표현을 위해 연기를 배우기도 한다. 모든 사람이 그렇게까지 할 필요는 없지만 나의 말하기가 너무 밋밋한 나머지 항상 지루함을 유발하는 것은 아닌지 살펴보고, 말의 속도에 변화를 시도해보자.

4. 짧은 문장으로 말하기

첫마디를 지나 말하기를 본격적으로 전개할 때 이야기에 스스로 심취해 끝도 없이 문장을 이어가면 곤란하다. 문장이 길어질수록 청중은 집중하기 어려워한다. 말하는 사람 역시 긴 문장으로 말을 하다 보면 처음 주어와 마지막 서술어의 호응이 맞지 않는 이상한 말을 하게 될 때도 많다.

다음 페이지의 박스 안 문장들을 한번 보자. 긴 문장과 짧은 문장 중 무엇이 더 전달력이 강한가? 긴 문장은 내용이 계속 나열되는 식이라 산만한 데다가 무슨 말을 담고 있는지 알아차리기 어렵다. 반면 짧은 문장은 각 주어마다 적절한 서술어를 사용함으로써 무슨 말인지 이해하기가 더 쉽다. 내용도 자연스럽게 넘어감으로써 핵심이 비교적 한눈에 파악된다.

긴 문장	저는 무조건 A가 중요하다고 생각하지만, B도 놓칠 수 없는 부분이고, 역시나 C는 다른 이유에서 같이 주목해야 하고, 그러다 보면 D가 새롭게 떠오르는 트렌드라는 걸 무시할 수 없고, 이에 A가 가장 먼저 시작이고 제일 중요하다는 걸 꼭 기억해주시면 좋겠습니다.
짧은 문장	저는 무조건 A가 중요하다고 생각하지만 B도 놓칠 수 없는 부분입니다. 이와 동시에 C는 다른 이유에서 주목해야 하고요. D가 새롭게 떠오르는 트렌드라는 걸 모르시는 분들은 없으실 겁니다. 이제껏 A에서 D까지 여러 단계가 있었지만 최초의 시작은 A입니다. 이것이 바로 A가 가장 중요하다고 말씀드리는 이유입니다.

한 문장을 길게 이야기하는 사람 중에는 자신이 그렇게 말한다는 걸 알아차리지 못하는 경우도 많다. 말하기는 습관인

데, 그런 습관이 있는지조차 모르는 것이다. 실제로 내가 어떻게 말하는지를 알고 있는 것은 정말 중요하다. 쓸데없이 길게 말하는 습관이 있는지 꼭 살펴보면 좋겠다.

5. 정확하게 말하기

"이게 어디서 들은 건데요. 그 뭐라고 하더라……. 어쨌든 그런 게 있는데요. 이게 참 중요한 거거든요."

이런 모호한 이야기가 계속 반복된다고 생각해보자. 집중해서 듣고 싶어도 오래 듣고 있기가 힘들다. 말하는 사람도 잘 모르는 정확하지 않은 정보를 청중은 계속 듣고 있을 여유가 없다. 차라리 그 시간에 오늘 택할 점심 메뉴를 고민하는 게 더 낫다.

말하는 사람은 청중의 시간을 아깝지 않게 만들어줘야 할 책임이 있다. 적어도 내가 할 말의 출처와 근거가 무엇인지에 대해서는 정확히 준비를 해두어야 한다. 말하는 도중에 생각이 안 난다면 '어쨌든'이라고 넘어가지 말고, 확인하는 대로 다시 알려드리겠다고 언급하는 게 좋다.

첫마디가 끝난 다음에는 본격적인 발표가 이어지기 때문에 자칫 지루한 내용으로 흐르기 쉬운 게 사실이다. 그래서 어떤 사람들은 유머 코드를 섞은 말하기를 하기도 한다. 물론 '재미'도 스피치에서 중요한 포인트이긴 하지만 정확한 정보와 내용보다 재미가 앞서는 건 아니다. 사람들은 웃으려고 내 이야기를 듣는 게 아니다. 정확한 사실 관계부터 말할 수 있어야 하고, 그 이후에 유머를 준비해도 늦지 않다.

같은 이야기도 어떻게 전하느냐에 따라 하품을 불러올 수도 있고, 계속 듣고 싶은 내용이 될 수도 있다. 특히 전달력을 높이기 위해서는 '강조'를 담은 말하기 스킬을 적절히 활용할 수 있어야 한다.

같은 이야기라도
더욱 흥미진진하게 하는 말 센스

묘사, 비교, 비유를 자연스럽게

심리상담에서는 첫 시간에 앞으로 어떻게 상담이 진행될 것인가에 대해 상담자의 자세한 설명이 이뤄진다고 한다. 상담자는 어떤 주기로 한 번에 얼마의 시간 동안 상담을 하는지는 물론이고, 상담자와 내담자의 관계는 어떠해야 하는지에 대해서도 알려주어야 한다. 간혹 상담자가 명쾌한 조언이나 해결책을 제시해주는 사람이라고 오해하는 경우가 있기 때문이다. 상담자는 내담자가 스스로 문제 해결에 접근할 수 있게 도와주는 사람이다. 그렇기에 심리상담을 '둘이 보조를 맞춰가는 작업'이라고 한다.

이러한 관계를 설명하기 위해 상담자들은 비유 표현을 자주 사용한다. 익숙하지 않은 작업을 원활히 하기 위해서는 명확한 설명과 보다 쉬운 이해가 필요하기 때문이다. '둘이 보조를 맞춰가는 작업'이라는 말보다는 '한 배를 탄 동지와도 같다'는 말이 더 와 닿는 것처럼 말이다.

명확한 설명이나 이해하기 쉬운 표현을 사용해야 하는 건 일반적인 말하기에서도 마찬가지다. 이를 위해 비유 같은 방식을 활용하면 같은 말도 더욱 생동감 있게, 흥미진진하게 전할 수 있다.

다음의 두 문장 중 더 끌리는 것을 골라보자.

첫째, 많은 양의 글을 쓰는 일은 따분하다.
둘째, 빼곡한 글자를 만지는 일은 콩나물 한 시루 머리 따는 일처럼 따분하다.

첫 번째 문장은 너무 단조롭고 두 번째 문장은 구체적인 상상이 간다. 당연히 두 번째 문장이 훨씬 흥미진진하게 느껴진다. 참고로 두 번째 문장은 은유 작가의 책, 《쓰기의 말들》에 나온 구절이다.

말을 하는 목적은 '전달'이다. 최대한 내가 하고자 하는 말이 잘 전달되게 하는 게 우선이다. 밋밋하고 지루한 말은 안타깝게도 목표 달성을 어렵게 만드는 주범이다. 모든 말하기에 풍부한 표현을 섞을 수는 없겠지만, 내 이야기를 듣는 사람의 입장에서 어떤 말이 더욱 잘 와 닿을지를 고민해보는 과정은 필요하다. 그래서 '지루하다, 따분하다' 등의 말을 어떻게 하면 더 생생하게 전달할 수 있을까 고민하다가 '콩나물 한 시루 머리 따는 일'처럼 따분하다고 표현한 것이다.

간이 하나도 맞지 않아 밍밍하기만 한 맛없는 음식을 설명한다고 생각해보자. 이 맛없는 음식을 비싼 돈을 내고 먹고 있는 중이라면, 게다가 식당 사람들이 불친절하기까지 하다면 단순히 '밍밍해서 맛없다'라는 표현으로는 충분한 마음이 전달되지 않을 것이다. '설거지한 물에 조미료를 넣다 만 것 같은 맛이다'라면 어떨까? 이 음식이 얼마나 형편없는 것인지, 그 음식을 먹은 사람의 기분이 얼마나 불쾌한지까지도 금방 느껴질 것이다.

끌리는 말, 집중하게 만드는 말

같은 이야기도 누가 하느냐에 따라 집중도가 달라진다. 같은 국어 담당 선생님인데도 A선생님의 수업은 하품이 절로 나오고 졸지 않기가 힘든 반면 B선생님 수업은 재미도 있고 활기도 넘치지 않던가. 그렇다고 수업 내용이나 진도가 다른 것도 아니다. 핵심은 같은 말도 더 흥미진진하게 만드는 요소가 있고 없고의 차이일 수 있다. 그 요소들은 무엇이고 우리는 그걸 어떻게 활용하면 좋을까?

1. 비유

앞에서 예시로 언급한 문장을 통해 '비유'를 살펴봤다. 비유는 어떤 현상이나 사물을 직접 설명하지 않고 더 공감할 수 있는 다른 비슷한 현상이나 사물에 빗대어서 설명하는 걸 말한다. 독자나 청중이 잘 알지 못하는 내용을 설명해야 할 때 보다 쉽게 이해시키거나, 감정이나 기분을 잘 전달하기 위해 사용하는 표현법이다. 이 내용을 설명하기 위해 《Basic 고교생을 위한 국어 용어사전》을 참고했는데, 오랜만에 국어 공부를 하는 기분이 든다.

비유법에도 여러 가지 종류가 있다. '콩나물 한 시루 머리 따는 일**처럼**'이나 '설거지한 물에 조미료를 넣다 만 것 **같은**'은 직유법이다. 원래 표현하려고 하는 말과 빗대어 표현하려는 말을 '마치, 흡사, 같이, 처럼, 듯' 등의 연결어를 사용해 이어주는 것이다. '머릿결이 실크처럼 부드럽다.'나 '피부가 도자기처럼 매끈하다.'와 같은 문장도 마찬가지다.

은유법도 자주 들어봤을 것이다. 직유법이 직접 비유를 한 것이라면 은유법은 간접적으로 연결하는 비유를 말한다. 주로 'A는 B다.'라는 문장 형태를 생각하면 쉽다. '눈은 마음의 창', '고독은 나의 광장', '이것은 소리 없는 아우성' 등의 표현이 바로 은유법이다. 이러한 표현을 잘 활용한다면 같은 말도 더 생생하고 흥미롭게 들리는 게 당연하다.

▶ 비유법 활용을 위한 팁

비유법에는 의인법, 활유법, 풍유법 등이 있지만 이것들을 문법처럼
공부하려 하기보다 일상생활에서 많이 접해보면 좋겠다. 광고 카피나
영화 대사, 속담 등 다른 사람들이 쓰는 표현도 귀담아듣다 보면 상당
히 도움이 된다. 내가 느끼는 것들을 적절한 비유만 잘 적용해서 말해
도 상당히 괜찮은 스피치가 된다.

2. 묘사

국립국어원 표준국어대사전에서 '묘사'를 찾아보면 '어떤
대상이나 사물, 현상 따위를 언어로 서술하거나 그림을 그려
서 표현함'이란 뜻이 나온다. 내 머릿속에 있는 이야기를, 듣
는 사람들이 똑같이 상상할 수 있도록 자세히 표현하는 방법
으로 '묘사'가 딱이다.

살인 사건이 일어났던 고시원을 설명한다고 치자. 그 현장
을 단순히 '고시원'이라고 말하면 느낌이 잘 살지 않는다. 사
람마다 '고시원' 하면 떠오르는 이미지가 각기 다르기에 말하
는 사람의 이야기와 다른 모습의 현장을 떠올릴 수밖에 없다.

이럴 때는 어느 동네, 어느 골목에 위치해 있는지, 몇 층

짜리이고 남녀의 층은 어떻게 구분이 되는지, 복도의 폭과 길이, 조명의 밝기 정도, 방의 개수, 주방과 화장실 같은 공용 공간의 위치 등을 말해주는 게 좋다. 또한 사건이 일어난 방이 어떻게 생겼는지, 창문이나 개인 화장실이 딸린 방이었는지, 책꽂이엔 어떤 책이 꽂혀 있었는지, 책상 위에는 어떤 물건들이 있었는지를 실제로 관찰하듯이 묘사를 해주어야 이야기를 듣는 사람들이 상황을 제대로 이해하고 문제에 공감할 수 있다.

한마디로 말하는 사람의 머릿속에 있는 이미지를 잘 묘사해야 듣는 사람의 머리에도 똑같은 그림이 생긴다는 뜻이다. 당연히 지루하지 않은, 흥미진진한 이야기가 될 수밖에 없다. '그냥 고시원'과 '내 눈앞에 생생하게 펼쳐진 살인 사건이 일어난 고시원'은 엄청나게 다르니까.

▶ 묘사 활용을 위한 팁

묘사는 평소에 소설을 많이 읽는 것으로 도움을 받을 수 있다. 소설 읽기는 작가가 꾸며놓은 공간에 들어가는 일이기에 자세한 묘사를 자주 볼 수 있다. 이러한 묘사를 자꾸 접할수록 나 역시 비슷하게나마 묘사를 활용할 수 있게 된다. 더 이상 밋밋한 말하기를 하고 싶지 않다면 구체적이고 상세한 설명이 가능한 묘사를 꼭 참고해보자.

3. 비교

비교는 둘 이상의 사물을 대상으로 서로 간의 비슷한 점, 다른 점, 크기나 성질, 모양, 내용 등을 견주어서 표현하는 걸 말한다. 긱스의 〈짝사랑〉이란 노래 가사에는 사랑하는 상대를 냉면이나 야구보다 더 좋아한다는 표현이 있다. 이를 통해 그냥 너를 좋아한다는 말보다 훨씬 더 강력한 느낌이 전해진다. 내가 세상에서 제일 좋아하는 냉면이나 야구 같은 것들보다 너를 더 좋아한다는 표현이 어찌 와 닿지 않을 수 있을까.

맛있는 음식에 대해 말한다면 무엇보다 더 맛있는지, 지금 내 기분이 좋다면 어떤 때보다 더 좋은 것인지 등 비교할 대상을 예로 들어 말한다면 내가 이야기하는 원래의 대상이 더욱 확실하게 부각될 수 있다. 이게 바로 비교법을 활용해 말이나 글을 표현하는 이유다. 맛있다, 덥다, 멋있다 등을 더욱 극대화해서 표현하면 말의 맛이 산다. 당연히 듣는 사람도 더욱 감칠맛 나는 이야기를 듣게 된다.

▶ 비교법 활용을 위한 팁

무엇과 무엇을 비교했을 때 말의 맛이 더 사는지 평소 주변의 사물들을 주의 깊게 관찰해보면 정말 좋다. 식빵을 사면서 식빵보다 더 포근

한 게 무엇인지, 프리지아를 보면서 프리지아보다 더 샛노란 게 무엇인지를 떠올려보는 식이다. 어려울 것도 없다. 어휘력이 풍부한 사람일수록 표현력이 뛰어나듯이 비교군을 많이 쌓아둔 사람일수록 꺼내 쓸 수 있는 예시가 많아진다. 무심히 넘기던 일상의 모든 것에서부터 가벼운 관찰을 시작해보자.

4. 의성어, 의태어

맛의 말을 살리기 위해서는 의성어나 의태어를 적극 활용하는 것도 좋다.

의성어는 '사람이나 사물의 소리를 흉내 낸 말'이다. 아이는 '쌕쌕' 잠을 자고, 갈매기는 '퍼덕퍼덕' 날갯짓을 하고, 강아지는 '멍멍' 짖고, 남동생은 집 앞에서 달리다가 '우당탕' 넘어진다. 소리까지 생생하게 표현하면 이야기가 한결 풍부해진다.

의태어도 마찬가지다. 의태어는 '사람이나 사물의 모양이나 움직임을 흉내 낸 말'이다. 아기가 '아장아장' 걷고, 거북이가 '엉금엉금' 기어가고, 지각한 김 대리가 '살금살금' 걸어가고, 내가 박치기를 했더니 눈앞이 '번쩍번쩍'했다. 이 문장에서 의태어를 전부 빼버린다고 생각해보라. 얼마나 밋밋한 말이 되겠는가.

▶ 의성어, 의태어 활용을 위한 팁

갑자기 너무 많은 의성어, 의태어를 남발하면 자칫 구연동화를 하는 것처럼 느껴지기도 한다. 과한 표현의 부작용이다. 억지로 의성어, 의태어를 찾아서 말하기보다, 감정 표현과 변화를 이야기하는 것부터 조금씩 시작해보면 좋겠다. 기쁨, 노여움, 슬픔, 즐거움, 사랑, 미움, 욕심 등을 말할 때 전부 덤덤하기만 할 수는 없지 않은가. 어떤 기쁨이고 노여움이고 슬픔인지를 역동적으로 표현하기 위해 적절한 의성어나 의태어를 활용해보는 연습이 생각보다 괜찮다. 속이 부글부글 끓고, 웃음이 배시시 나고, 욕심이 덕지덕지 붙어 있다는 식으로 말해보는 것이다. 이러한 표현이 적절하게 어우러질 때 보다 흥미진진한 스피치가 된다.

사람들에게서 호감을 얻는
이야기에 꼭 있는 것

스토리텔링의 마력

사람들은 대부분 이야기를 좋아한다. 이론에 대한 스피치를 듣는 건 딱딱하고 지루하게 느끼지만, 스토리가 있는 이야기는 흥미롭게 듣는 편이다. 학창 시절, 선생님이 수업 시간에 "이거 시험에 꼭 나온다."라며 알려준 내용은 기억이 안 나도 공부와 상관없는 선생님의 첫사랑 이야기는 또렷하게 기억나는 것과 비슷한 이치랄까.

사람들이 이야기를 좋아한다는 사실은 드라마의 수로도 증명된다. 아침저녁으로 하는 일일 드라마, 월화 드라마, 수목 드라마, 금토 드라마, 주말 드라마를 생각해보라. 시청자들이 이야기에 관심이 없다면 이 많은 드라마가 존재할 이유가 없다. 일요일 오전에 늘 시청할 수 있는 MBC 〈서프라이즈〉가 장수할 수 있는 것도 이야기의 힘이 아닐까 싶다. 세계적인 사건, 사고, 믿기 힘든 놀라운 내용을 흥미진진한 이야기로 푸는데 재미가 없을 수 없다.

기억에 오래 남는 스피치

스피치도 이러한 이야기의 힘을 적극 활용하면 좋다. 내가 말하고 싶은 내용을 재미있고 생생하게 전달하기에 스토리텔링만큼 적합한 것도 없다. 스토리텔링을 잘 활용하면 당연히 청중은 지루하지 않게 듣는다. 그렇다면 기억에 오래 남는 스토리텔링으로는 어떤 것이 있을까?

1. 공감대를 형성할 수 있는 이야기

꼭 드라마나 영화처럼 반전이 있고 놀라운 이야기가 아니어도 괜찮다. 평범한 이야기여도 사람들과 공감대를 형성할 수 있다면 훌륭한 스토리텔링의 소재가 된다. 만약 재수생들을 앞에 앉혀두고 수석으로 조기 졸업한 성공담을 이야기한다고 생각해보라. '1분 1초 뒤처지는 게 인생의 낭비이고, 모든 시간을 앞서 가야만 성공한 인생을 살 수 있다'라는 강연은 얼마나 적대감이 드는 스피치일까? 이 상황에서는 '긴 인생에서의 1년은 아주 짧은 기간에 불과하다, 재수를 한 후 적성에 맞는 진로를 찾은 사람들이 많다'라는 내용의 이야기가 필요하다.

《최고의 설득》이라는 책에는 할머니 이야기로 강연을 시작한 사람의 이야기가 등장한다. 왜 할머니 이야기로 강연을 시작했는지 묻자, 그는 이렇게 답한다. "누구에게나 할머니가 있으니까요." 공감대나 유대감을 만들지 못한 상태에서는 어떤 말을 해도 상대의 마음을 움직일 수 없다. 상대방의 호감을 얻는 말하기는 공감 가는 이야기를 선택하는 것에서부터 시작된다.

2. 믿을 만한 이야기

내 기억에만 의존한 이야기보다 뉴스나 신문에 보도된 이야기가 더욱 믿음직스러운 건 어쩔 수 없는 사실이다. 내 기억이 100% 정확하지 않을 수도 있고, 내가 잘못 알고 있는 걸 맞다고 착각할 수도 있기 때문이다. 내가 알고 있는 이야기가 나쁘다는 게 아니다. 출처가 공신력 있는 이야기라면 청중은 더욱 고개를 끄덕일 수 있게 된다는 뜻이다.

생각의 전환에 관한 스피치를 다음과 같이 한다고 치자. "어디선가 들은 이야기인데요. 태풍 때문에 다 떨어진 사과 농장이 망하게 생기자 한 농부가 아직 남아 있는 사과에 '합격사과'라는 이름을 붙여 수험생에게 비싸게 팔아 대박이 났대요." 이런 스피치는 어딘가 엉성한 느낌이다. "일본 아오모리 현에서 있었던 일입니다. 1991년 태풍이 크게 발생해 수확해야 할 사과의 90%가 떨어졌어요. 모두가 낙담하고 있을 때 한 농부는 남아 있던 10%의 사과에 주목했습니다. 거센 비바람과 태풍에도 살아남았기에 '합격사과'라 이름을 붙이고, 대학 입학을 앞둔 수험생을 대상으로 고가에 팔아 위기를 넘긴 일이 있었습니다."처럼 자세하고 정확한 이야기가 더 좋다. 특히 이 내용을 어떤 보도에서 보았는지 출처까지 밝히면 더욱 믿음이 가는 이야기가 된다.

3. 내가 직접 경험한 이야기

내가 겪은 경험에 관한 스토리도 훌륭하다. 경험을 바탕으로 나만의 독특한 인사이트가 스피치에 담긴다면 청중들에게 새로운 깨달음도 줄 수 있기 때문이다. 장기 여행을 다녀와 책을 쓰는 경우가 많은 것도 경험과 깨달음이 많아진 덕분이 아닌가 싶다.

내가 경험한 일을 바탕으로 내 진심을 담은 이야기, 솔직하게 전하는 나의 이야기만큼 좋은 건 없다고 생각한다. 특히 자기소개를 할 때 진심을 담은 스토리텔링은 더욱 돋보인다. 내가 어떤 사람인지에 대한 스토리가 담기면 정말 좋다. 다음 예문을 한번 살펴보자.

안녕하세요? 저는 정은길입니다. 제 이름을 듣고 평소 썰렁한 농담을 좋아하시는 분들은 "혹시 언니가 금길이니? 아니면 동생이 동길인가?" 하는 질문을 하기도 합니다. 안타깝게도 제게는 그런 이름을 가진 형제자매는 없습니다. 그런데 저는 '금은동' 중에서 제 이름에 가운데 글자인 '은'이 들어가는 게 참 좋습니다. 제가 흔들릴 때마다 중심을 잡아주는 것 같은 기분이 들기 때문입니다.

저는 어릴 때부터 어떤 문제에 부딪히건 스스로 판단하고 결정해야 할 때가 많았습니다. 부모님의 이혼으로 초등학교 2학년 때부터 할머니 할아버지와 함께 살게 되었는데요. 할머니 할아버지께서 사랑으로 키워주셨지만, 친구와 어떻게 화해를 하면 되는지, 진로는 무엇으로 정하면 좋을지 등에 대한 고민까지 세세히 나누기는 어려웠던 게 사실입니다.

그래서 저는 학창 시절 방송반 활동을 한 것도, 식품영양학과에 진학했다가 재수를 하고 신문방송학과로 진로를 변경한 것도, 광고 회사에 들어갔다가 아나운서가 되기 위해 방송사 시험을 치른 것도, 결혼과 관련한 모든 것들도 직접 결정하고 선택해야 했습니다.

무엇 하나 쉬운 건 없었습니다. 스스로 흔들릴 때마다 그저 제 판단을 믿고 앞으로 나아가는 수밖에 없었습니다. 그때마다 저는 중심을 잡아주는 제 이름 덕분에 크게 동요하지 않을 수 있었다고 생각합니다. 그래서 저는 제 이름이 주는 힘을 믿게 되었고, 지금도 여전히 제 자신을 믿으며 뚜벅뚜벅 걸어갈 수 있는 것 같습니다.

앞으로도 인생에는 무수히 많은 선택의 순간들이 올 텐데요. 그때마다 저는 지금까지 해왔던 것처럼 스스로를 믿고 결정할 것입니다. 물론 크게 흔들리는 때도 있겠죠. 그렇지만 제게는 중심을 잡아주는 이름이 있는 덕분에 계속 힘을 낼 수 있을 거라 생각합니다.

다시 한 번 제 이름을 말씀드리겠습니다. 저는 선택과 결정을 주도적으로 하는 삶을 사는 정은길입니다. 감사합니다!

나의 경험과 진심을 담은 자기소개다. 사람들에게 나를 알리고 싶은 방향을 바탕으로 '나는 이런 사람입니다'를 최대한 정확하게 담아내려 노력했다. 만약 내가 다음과 같은 자기소개를 했다면 어땠을까?

안녕하세요? 저는 정은길입니다. 경기도 일산에서 살고 있고요. 프리랜서입니다. 이런저런 다양한 일을 하고 있어요. 가족은 남편과 고양이 한 마리입니다. 오늘 좋은 분들 만나 뵙게 되어 반갑습니다. 앞으로 잘 부탁드립니다.

사람들은 나를 '그 왜 고양이 키운다고 했던 사람'이라고 기억하거나 "누구였더라. 긴 치마 입고 있었던 사람 있잖아."라고 떠올리게 될 확률이 크다. 누구나 이름도 없이 '안경 쓴 사람'이나 '키 크고 머리 짧은 사람'으로 통하는 걸 바라지는 않을 것이다. 당연한 말이지만, 스토리텔링으로 나를 소개할 수 있다면 사람들은 나를 더 정확히 오래 기억하게 된다.

나는 이 책을 읽고 있는 여러분도 자신의 이름을 바탕으로 자기소개 스토리텔링을 해보았으면 좋겠다. 어디에 사는 누구, 무슨 일을 하는 누구 말고, 내가 진짜 어떤 사람으로 다른 사람들에게 기억되고 싶은지를 포함한 내용이면 좋겠다.

자기소개 스토리텔링 연습하는 법

실제로 '자기소개 스토리텔링'을 주제로 수업 시간에 실습을 해보면 수강생들은 당황하는 듯하면서도 처음으로 진지하게 자신의 이름에 대해 고민해보기 시작한다. 자기 이름의 뜻풀이, 내 이름을 지어준 사람, 돌림자, 개명 관련 기억, 동명이인 등을 떠올리며 자신만의 스토리를 만들고자 노력한다. 처음 이 작업을 하면 감을 잡기 어려울 텐데, 다음 표를 참고하여 스토리텔링 단계를 생각해보면 된다.

1단계	나를 소개하고 싶은 주제는?	선택을 잘한다 내 선택에 최선을 다한다 자립심이 강하다
2단계	내 이름 분석하기	정은길 중 '은'에 포인트를 두기 '금은동' 중 가운데 있는 글자로 설명
3단계	키워드로 정리하기	금길, 은길, 동길 중심을 잡아주는 이름 스스로 선택, 앞으로도 마찬가지

자기 이름을 바탕으로 한 자기소개 스토리텔링이라고 해서 이름만 들여다보고 있으면 안 된다. 이 스피치의 1단계는 바로 주제를 먼저 정하는 것이다. 나는 '선택을 잘하고, 내 선택에 항상 최선을 다하며, 자립심이 강한 사람'이라고 나를 소개하고 싶었다.

그다음이 주제에 맞게 내 이름을 들여다보는 2단계다. 내 이름의 '은'은 '금은동'의 '은'이 아니라 '은혜 은恩'이다. 원래의 한자 풀이로는 나를 소개하고 싶은 내용이 잘 살지 않을 것 같아 내 마음대로 다르게 표현해본 것이다. 이때 주의할 점은 내가 정한 주제에 맞는 '스토리'가 있어야 한다는 것이다. 나의 경우 전공을 바꾸기 위해 재수를 하고, 직업을 바꾸기 위해 회사를 옮기는 경험을 추가했다. 인생에 중요한 결정을 나 혼자만의 판단과 선택으로 한 것인데, 이 스토리가 없었다면 '자립심이 강하다, 선택을 잘한다'는 내 주장이 허공에 맴돌기만 할 뿐이다.

많은 사람들이 자신의 성격이나 특징을 소개할 때, "다른 사람들의 이야기를 잘 들어주는 편이에요."라거나 "인내심이 강합니다."처럼 말하지만 그걸 입증할 만한 '스토리'가 없으면 쉽게 공감하기 어렵다. 구체적으로 나를 설명할 수 있는 에피소드나 이야기를 포함해서 말해야 진짜 스토리텔링이 된다. 내가 얼마나 친구들의 이야기를 잘 들어주는지, 인내심이 얼마나 강한지를 알려주는 스토리가 필요하다.

예를 들어, 내 수업에 참여했던 한 수강생은 자신의 이름이 '김재욱'이라고 했다. 9개월 된 아들의 아빠인 그는 자신의 특기를 '아기 잘 재우기'라고 말했다. 자신의 이름인 '재욱', 특기인 '재우기'의 발음이 같은 것을 활용한 흥미로운 자기소개 스피치였다. 다만 자신이 얼마나 아들을 잘 재우는지에 해당하는 스토리가 없어 아쉬웠다. 아내나 부모님을 능가하는 자신만의 아기 재우기 스킬이 있다든지, 가족 여행을 갔을 때 자신이 아들 재우기 1등을 기록했다든지 하는 스토리가 있어야 스토리텔링이 된다는 걸 잊지 말아야 한다.

마지막 3단계는 내가 정한 이야기를 키워드로 정리하는

것이다. 하고 싶은 말을 줄줄 외운 스피치는 절대 자연스럽지 않다. 내가 외운 것을 틀리지 않고 말하는 것에 집중하느라 내 이야기를 듣는 사람들과의 교감도 안 된다. 그저 어떤 방향으로 이야기가 흐르기만 하면 되는지 중요한 키워드만 기억해두고, 혹은 메모해두고 그 순서에 따라 자연스럽게 말하면 된다.

스토리텔링은 무조건 이야기를 '하는' 말하기가 아니다. 내가 진짜 전달하고 싶은 주제를 효과적으로 표현하기 위해 이야기를 '빌려'오는 것이다. 재미있는 이야기, 내가 겪은 이야기만 하려면 그건 친구들과 나누는 수다로만 풀어도 충분하다. 스토리텔링을 할 때는 무엇을 말하고 싶은지 핵심 주제를 가장 먼저 정한 다음, 그 주제에 가장 잘 어울리는 이야기를 찾아서 엮으면 된다. 주제가 있는 스토리여야 한다는 것만 기억한다면, 스토리텔링이 그렇게 낯설고 어렵게만 느껴지지는 않을 것이다.

내가 경험한 일을 바탕으로 내 진심을
담은 이야기, 솔직하게 전하는 나의
이야기만큼 좋은 건 없다고 생각한다.
특히 자기소개를 할 때 진심을 담은
스토리텔링은 더욱 돋보인다. 내가
어떤 사람인지에 대한 스토리가 담기면
정말 좋다.

제발 혼자만 말하지 마세요

듣는 사람과 호흡하는 말하기

처음부터 끝까지 토씨 하나 틀리지 않고 매끄럽게 말을 하는
게 정말 잘하는 스피치일까? 다소 말을 더듬는 실수를 했다
면, 갑자기 얼굴이 빨개진 채 당황한 표정을 지었다면, 다음
할 말을 잊어버려 무대 위에서 잠시 발표 자료를 뒤적였다
면, 그 스피치는 형편없는 것이었다고 봐야 할까?

대국민 연사 프로젝트라는 이름으로 진행된 한 강연 토너
먼트 행사에 심사위원으로 간 적이 있었다. 그곳에서 얼굴이
벌게진 채 잔뜩 긴장한 목소리로 10분 내내 발표를 했던 한
참가자가 있었다. 일반적인 관점에서 보자면 한눈에 보기에
도 불안해 보이는 연사를 말 잘하는 사람이라고 생각하기 어
려울 것이다. 그러나 그녀는 관객으로부터 상당한 지지와 응
원을 받았다. 게다가 웃음이 넘치는 분위기까지 만들었다.
어떻게 그런 결과가 나올 수 있었을까?

안녕하세요, 제 이름은 ○○○입니다. 그냥 '빨대'라고 부르셔도 됩니다. '빨대'는 제 별명인데요. 여러분도 학창 시절에 불리던 별명이 있으신가요? (관객 중 몇 명이 대답하고 강연자는 잠시 기다림) 아, 정말 다양한 별명들이 있으셨군요. 제가 정말 싫어하는 제 별명인 '빨대'는 '빨간 대가리'의 줄임말입니다. (관객 웃음. 강연자 잠시 쉼) 솔직히 저는 사람들 앞에서 말하는 거 잘 못합니다. 그냥 얼굴이 계속 빨개져요. 어떻게 노력해도 안 되더라고요. 그냥 운명인가 봐요. (관객 박수, 강연자 잠시 대기) 응원의 박수, 감사합니다. 그런데 저는 그 운명을 한번 바꿔보고 싶었습니다. 언제까지 이렇게 살 수는 없으니까요.

이어진 이야기를 통해 그녀가 영어와 스피치로 유명한 한 학원의 대표를 찾아갔고, 그곳에서 영어 강사로 활동하며 '빨대'라는 별명에서 벗어나기 위해 시도했던 다양한 노력을 들을 수 있었다. 강연 토너먼트에 참여한 것 역시 그러한 노력의 연장이었다고 했다. 그녀의 역경 극복 과정에 사람들은 환호했고, 뜨거운 박수를 보냈다.

그녀의 스피치에 대한 높은 관객 호응도는 호감도 높은 스피치 내용 덕이기도 했지만, 무엇보다 관객의 반응을 살피며 말을 이어가는 그녀의 호흡이 완벽 그 자체였다. 원래 말하기는 나만 잘하면 되는 게 아니다. 듣는 사람과의 호흡이 제일 중요하다. 그녀는 아마도 그 사실을 잘 알고 있었던 것 같다.

듣는 사람의 답변을 제대로 유도하는 질문 기술

첫마디는 나 혼자 열어가는 것이라 해도 말하기를 이어나가면서는 달라진다. 내 이야기를 들어주는 사람과의 소통을 시작해야 한다. 관객의 반응을 살피지 못한 채 스스로 하는 이야기에 심취해서는 결코 좋은 스피치를 완성할 수 없다. 말하는 사람은 혼자 신났는데, 듣는 사람들은 무표정한 얼굴로 머리를 긁적이는 풍경. 이건 너무 이상하지 않은가?

그렇다면 내 이야기를 들어주는 사람과는 어떤 호흡을 어떻게 주고받으면 좋을까? 스피치를 더욱 빛나게 해주는 소통은 어떻게 완성할 수 있는 것일까?

1. 기다리기

객석에서 어떤 반응을 보이기 시작했다면, 그 반응이 끝날 때까지 기다릴 줄 알아야 한다. '빨대 연사'의 경우도 관객이 대답을 할 때, 웃기 시작할 때, 박수를 보낼 때마다 적절한 시간 동안 기다렸다. 그리고 그 반응들이 어느 정도 잦아들면 다시 말을 시작했다. 이것이 바로 적절한 호흡이자 소통의 기본이다.

사람들은 정확히 안다. 자신의 반응을 기다려주지 않는 발표자는 이미 자신만의 말하기에 혼자서 푹 빠져 있다는 걸. 그걸 알게 된 순간부터는 더 이상 귀를 기울여 스피치를 듣고 싶어 하지 않는다. 청중은 박수나 함성 등을 동원해 어느 정도 발표자의 이야기에 호응을 보낼 준비가 되었는데, 그래서 이제 막 그러한 반응을 보이려고 했는데, 그게 거절당하면 당혹스럽다. 청중이 반응을 채 보이기도 전에 발표자가 다음 이야기로 넘어가는 순간, 청중에게 기대할 수 있는 다음은 없다. 그때부터 객석에 있는 사람들은 팔짱을 끼거나 휴대 전화를 들여다보게 될 것이다.

발표자로서 아무리 다음 할 말이 중요하다 해도, 내 이야기를 듣는 사람들의 반응을 무시하면서까지 이어가야 할 중대한 말은 거의 없다. 청중에게도 표현할 시간을 적절히 줄 수 있어야 한다. 그 잠깐의 기다림이 있고 없고의 차이가 스피치의 완성도를 좌우한다. 혼자만 말하는 사람에게 반응을 보여줄 청중은 없다.

2. 대답 듣기

사람들과의 적극적인 소통은 바로 답변을 듣는 순간에 일어난다. 발표자가 질문을 던지면 청중은 답변을 한다. 그 소통이 있어야 호흡하는 말하기가 된다.

어떤 사람은 발표 도중 "어떤가요?"라는 질문을 해놓고는 답변할 시간도 주지 않고 바로 다음 이야기로 넘어가기도 한다. 이 경우 질문 자체가 대본이었을 확률이 높다. 즉 질문은 소통을 위한 도구가 아니라, 그저 잘 짜인 대본 중 하나였을 뿐인 셈이다. 질문을 했다면 대답을 들어야 한다. 대답을 듣지도 않고 다음 할 말로 넘어갈 거면 굳이 사람들 앞에서 스피치를 할 이유가 없다. 방에서 혼자 거울을 보며 말하는 것과 무엇이 다른가.

때로는 사람들의 답변을 제대로 유도하는 기술을 시도해보는 것도 좋다. 스타 강사로 유명한 김미경 원장은 이 방법을 정말 잘 활용한다.

김미경: 자, 따라 해보세요. 엄마는.

청중: 엄마는.

김미경: 내 아이의.

청중: 내 아이의.

김미경: 거울이다.

청중: 거울이다.

이런 식으로 청중의 대답을 아예 처음부터 작정하고 유도하는 것 또한 적극적인 소통이 된다. 사람들은 스피치에 직접 참여했다고 생각하는 것은 물론이고, 정말 중요한 메시지를 소리 내어 따라 말함으로써 스피치의 핵심 내용을 더 오래도록 기억하게 된다.

3. 반응하기

청중이 인상적인 반응을 보였다면 발표하는 사람 역시 그 반응에 대한 반응을 보이는 게 좋다. 앞서 예로 든 '빨대 연사'의 경우, 관중을 향해 학창 시절에 불리던 별명이 있었는지를 물어보았고, 몇몇 사람들의 대답을 듣고는 "아, 정말 다양한 별명들이 있으셨군요."라는 답변을 했다. 또한 응원의 박수를 받은 뒤에는 "감사합니다."라는 코멘트까지 덧붙였다. 이 얼마나 적극적인 소통인가. 소통하는 말하기란 바로 이런 것이다.

간혹 객석에서 보인 반응을 듣고도 다음 할 말에 집중하느라 인상을 쓰거나 입술을 비죽이는 사람이 있다. 생각에 빠져 있을 때 나오는 자신만의 표정 습관인데, 이러한 표정을 보는 청중의 기분은 어떨까? 다음부터는 반응을 보이지 않아도 된다고 생각할지도 모른다.

청중의 반응이 열정적일수록 연사가 더 신나서 적극적인 스피치를 할 수 있다고 생각하지 말라. 발표자가 적극적인 자세로 청중의 반응에 적절히 대답하고 호응해야 객석의 반응도 살아나는 것이다. 커뮤니케이션은 어디까지나 상호 반응임을 잊으면 안 된다.

아무리 다음 할 말이 중요하다 해도,
내 이야기를 듣는 사람들의 반응을
무시하면서까지 이어가야 할 중대한
말은 거의 없다. 청중에게도 표현할
시간을 적절히 줄 수 있어야 한다. 그
잠깐의 기다림이 있고 없고의 차이가
스피치의 완성도를 좌우한다.

나는 언제부터 '발표 공포증'에 시달리게 되었나

프레젠테이션의 모든 것

학교에서 팀 프로젝트 방식의 수업을 하면 반드시 발표를 해야 하는 시간이 찾아온다. 조별로 역할 분담을 하며 수행한 과제의 결과를 발표해야 하는 것이다. 이때 팀원 중에는 처음부터 발표를 빼 달라며 대신 자료 조사는 최대한 많이 하겠다는 사람이 꼭 있다. 무슨 일이 있어도 발표는 피하겠다는 것이다.

그런데 그렇게 학창 시절을 어찌어찌 무사히 보낸 사람도 회사에서는 마냥 발표를 피할 수만은 없는 순간이 생긴다. 내가 한 일을 어필하는 발표를 해야 인사 고과도 잘 받고 승진도 하고 급여도 오를 것이 아닌가? 그런 거 다 필요 없다 생각해도 위에서 강제로 시킬 때는 어쩔 도리가 없다.

내가 만난 직장인 수강생들 중에는 이러한 사연을 가진 분들이 꽤 있었다. 회사 내 중요한 프레젠테이션을 앞두고 발등에 불이 떨어진 채로 찾아오거나, 관리자 직급이 되고 나서야 더 이상 여러 사람들 앞에서의 스피치를 피할 수 없게 된 경우 등이었다. 도대체 프레젠테이션이 무엇이기에 이렇게 많은 사람들이 괴로워하는 것일까?

발표를 잘하기 위한 다섯 가지 체크 리스트

평생 발표를 두려워하면서 사회생활을 할 수는 없다. 이제 껏 피하는 방법만 생각해봤다면 이제는 잘할 수 있는 방법을 알아볼 때도 되었다. 발표가 나에게 새로운 기회를 가져다주는 역할도 하지 않던가? 그 소중한 순간을 무심히 흘려보내는 일은 이제 그만해도 된다.

'발표'라는 단어의 무게를 쓸데없이 무겁게 인식하지 않았으면 좋겠다. 친구들과 흥행 중인 영화에 대해 이야기하는 것처럼 회사 사람들과 회사 일을 주제로 이야기하는 것이라고 생각해도 된다. 다만 공식적인 자리이기에 발표를 해야하는 공간이 따로 있고 발언을 할 수 있는 시간이 정해져 있는 등 몇 가지 형식이 있을 뿐이다.

프레젠테이션과 관련해 다음의 다섯 가지 체크 리스트를 참고해보자. 아주 기본적인 내용이지만, 이것들만 발표에 제대로 적용할 수 있어도 좋은 프레젠테이션을 할 수 있을 것이다. 발표는 현란한 말하기 기술을 뽐내는 자리가 아니라 중요한 내용을 '전달'하는 시간이다. 기본에 충실한 것으로 충분히 훌륭하다.

1. 왜 하는가? _ 목적

국립국어원 표준국어대사전에서 '프레젠테이션'을 찾아보면 '시청각 자료를 활용하여 사업 따위의 계획이나 절차를 구체적으로 발표하는 활동'이라고 풀이되어 있다. 생각해보면 참 번거로운 작업이다. 시청각 자료도 만들어야 하고, 각자 일하느라 바쁜 사람들을 한꺼번에 모이게도 해야 한다. 발표를 하는 사람도, 그 발표를 들어야 하는 사람도 서로 피곤한 일을 도대체 왜 하는 걸까?

'하라고 하니까'라는 건 이유가 되지 못한다. 가령 회사의 새로운 정책을 만든 뒤 그 내용을 전 직원에게 '교육'하기 위한 것인지, 정말 중요한 본사 지침이 내려와 그 정보를 '전달'하기 위한 것인지, 꼭 성사시켜야 하는 계약을 체결하기 위해 상대를 '설득'하기 위한 것인지 등 프레젠테이션을 해야 하는 정확한 이유와 목적이 있을 것이다. 그걸 파악하는 게 우선이다.

특히 이 프레젠테이션을 주최한 측의 의도를 정확히 반영하는 준비를 할 수 있으려면 처음부터 이 발표의 의도가 무엇인지도 고민해야 한다. 예를 들어 진급 대상자를 위한 교육 프레젠테이션을 해야 하는데, 이번에는 특별히 신사업 팀의 리더를 심사하기 위한 목적이 섞여 있을 수도 있다. 그렇다면 교육 내용에 리더십과 도전 정신은 물론이고 트렌드에 민감하고 이를 반영하는 빠른 실행력을 함께 알아볼 수 있는 콘텐츠가 포함되어야 한다.

이처럼 '왜' 발표를 하는지를 근본적으로 고민해보는 일은 생각보다 단순하지 않다. 발표를 듣는 청중을 만족시키는 것에서 더 나아가, 주최 측이 원하는 목적까지도 고려해야 하기 때문이다.

2. 자료 준비는 충분히 되었는가? _ 자료

자료는 크게 두 가지로 나뉜다. 첫째는 시청각 자료, 둘째는 발표자의 대본이다. 시청각 자료는 무조건 많다고 좋은 게 아니다. 밤을 새워 조사하고 취합한 자료를 전부 보여주고 싶겠지만, 발표를 듣는 사람들은 그렇게까지 알고 싶어 하지 않는다. 세세한 내용은 현장에서 나눠주는 자료에 담고, 시청각 자료는 발표에 최적화되어야 한다. 잘 보이지도 않는 작은 글씨가 빼곡하게 담겨야 하는 게 아니라, 단 하나의 단어를 띄워놓고도 제대로 된 설명을 할 수 있다면 그게 더 좋은 슬라이드다.

발표자의 대본은 "안녕하십니까? 오늘 발표를 맡은 정은 길입니다."처럼 시작부터 끝까지 전부 완성형 문장으로 처리하지 않아도 괜찮다. 오히려 그러한 대본은 지나치게 달달 외워야 한다는 부담을 주기도 한다. 커닝 페이퍼를 만들 듯, 가장 핵심이 되는 내용을 최대한 압축해서 담고 그 대본을 바탕으로 자연스럽게 문장을 구사할 수 있는 정도면 충분하다.

프레젠테이션의 이유와 목적을 크게 세 가지로 구분해 자료 준비 방법을 살펴보자.

▶ 교육 목적의 발표라면

그 내용을 처음 접하는 사람들이 있을 수 있으므로 무엇보다 지루하지 않은 자료를 만드는 게 좋다. 에피소드나 스토리텔링 등으로 재미있게 이야기를 풀면 딱딱하지 않은 현장 분위기를 만들 수 있다.

▶ 정보 전달의 목적이라면

프레젠테이션에서 말하고 있는 정보들이 얼마나 가치가 있고 유용하게 쓰일 수 있는지를 자료에 잘 담아내야 한다. 사람들은 정말 가치가 있고 중요한 내용이라면 기꺼이 귀를 기울여서 듣는다.

▶ 설득을 위한 프레젠테이션이라면

이 제안을 받아들이면 얼마나 좋은 결과를 기대해볼 수 있는지, 실제로 이러한 방법을 적용해 성공한 사례가 있는지를 발표 자료로 적극 활용하는 게 좋다. 검증된 사례는 자료의 신빙성을 높여준다.

3. 이 발표를 듣게 될 청중은 누구인가? _ 청중

아무리 다 알고 있는 회사 사람들을 대상으로 프레젠테이션을 한다 하더라도 기본적인 청중 분석은 해야 한다. 몇 명이 참석하는지, 평균 연령대는 어떻게 되는지, 어떤 직급의 사람들을 대상으로 하는지 등도 당연히 챙겨야 하는 내용이지만, 프레젠테이션의 주제와 청중이 어떤 관계에 있는지를 따져볼 수도 있어야 한다.

가령 높은 직급의 사람들을 대상으로 회사의 구조 조정 계획에 대한 발표를 한다고 생각해보자. 참석자들은 해당 주제에 상당히 적대적인 마음을 가지고 있을 것이다. 자신이 구조 조정의 대상자가 될 수 있거나 구조 조정을 실행해야 하거나 둘 중 하나에 해당될 가능성이 크기 때문이다. 이렇게 민감한 주제와 맞물린 사람들을 대상으로 발표를 해야 한다면 최대한 내용을 전달할 때 불필요한 오해가 생기지 않도록 주의해야 할 것이다.

만약 한 해 동안 큰 성장을 한 회사로서 연말에 성과를 공유하는 발표 자리라면 직원들인 청중은 당연히 호의적인 반응을 보일 것이다. 그 외에 단순 업무 관련 프레젠테이션이라면 중립적인 태도를 가진다.

이렇듯 청중 분석은 발표를 듣게 될 사람들을 따로 떼어놓고 생각할 게 아니라 발표의 주제와 어떤 연관성이 있는지도 함께 고려해야 스피치의 톤을 효과적으로 선택할 수 있다.

또한 발표자로서 청중을 바라보는 것에서 더 나아가 청중이 이 시간을 통해 무엇을 원하는지도 고려해볼 수 있어야 한다. 무엇을 기대하고 이 자리에 참석하는 것인지, 이 시간을 다 마치고 난 다음에 어떤 결과를 얻길 바라는지를 알아야 그에 맞는 내용을 바탕으로 프레젠테이션을 소화할 수 있게 된다.

4. 실전에 강한 발표자가 되려면 어떤 준비가 필요한가? _ 장소

'이미지 트레이닝'이라는 말을 많이 들어보았을 것이다. 실제 현장의 모습을 상상하며 연습하는 것을 말한다. 운동선수들이 이미지 트레이닝으로 좋은 성적을 냈다는 이야기를 많이 하는데, 프레젠테이션도 비슷하다. 실제로 내가 서게될 단상, 무대, 공간 등을 최대한 똑같이 상상하면서 연습을 하면 발표에 대한 두려움도 크게 줄어든다.

이미지 트레이닝은 구체적일수록 좋다. 당일에 마이크를 사용하는지, 사용한다면 무선인지 유선인지, 무선이라면 손에 들고 하는 것인지 귀에 꽂고 하는 것인지, 조명은 어떤 걸 켜는지, 남은 발표 시간을 확인할 수 있는 시계의 위치는 어디에 있는지, 청중은 몇 명이나 자리하고 앞자리에는 주로 누가 앉을 것인지 등 떠올릴 수 있는 모든 현장 정보를 취합해보자. 발표 당일이 생각보다 낯설게 느껴지지 않을 것이다.

5. 성공적으로 발표를 마치기 위한 말하기는 어떻게 할 것인가?
_ 스피치

프레젠테이션의 목적도 파악했고 자료 준비도 마쳤으며 청중과 현장에 대한 분석까지 끝냈다면 진짜 발표만이 남아 있다. 발표를 잘해야 이제까지의 준비가 수포로 돌아가지 않을 수 있다. 이때부터는 청중의 집중력을 유지시키는 게 중요하다.

프레젠테이션 자료를 준비한 사람에게는 무엇 하나 소중하지 않은 내용이 없겠지만, 청중은 다르다. 절대 화면에 띄운 글자를 있는 그대로 처음부터 끝까지 읽다가 발표를 마칠 생각은 하지도 말자. 화면은 청중이 보기에 편한 방식으로 만들되, 발표자의 스피치는 자연스럽게 흘러가야 한다. 대본 역시 키워드 중심으로 기록해두어야 현장에서 편안한 문장으로 말할 수 있다. 완벽한 문장으로 대본을 준비했다가는 국어책 읽듯 말하다 끝날지도 모른다.

내가 하는 말을 청중이 전부 다 기억해주길 바라는 건 욕심이다. 의외로 사람들은 많은 양의 정보를 한꺼번에 기억하지 못할뿐더러 듣고 싶은 것만 기억하는 경향이 있다. 때로는 듣고 싶은 것들만 기억하는 바람에 잘못된 정보를 머릿속에 저장하기도 한다. A와 B를 이야기했는데 A와 C를 기억하는 식이다. 이건 누구나 쉽게 하는 실수이기도 하다. 그렇기에 발표자는 한 번에 많은 이야기를 전달하려는 욕심을 버려야 한다. 만약 '~ 하는 법'에 대해 말한다면 최대 네 가지를 초과하지 않는 게 좋다.

정보의 양도 조절하면 좋은 것처럼 이야기의 내용 역시 쉽게 접근하는 게 효율적이다. 이해하기 어려운 내용에 계속 집중해줄 청중은 없다. 간혹 자신이 자주 사용하는 전문 용어를 지나치게 많이 사용하는 발표자가 있는데, 그건 듣는 사람을 조금도 배려하지 않은 채 혼자 말하겠다는 것과 다름없다. 마케팅팀 사람들을 대상으로 컴퓨터 프로그램 개발자들이 쓰는 그들만의 언어로 발표를 하는 게 무슨 의미가 있겠는가. 쉬운 접근을 가능하게 하는 것으로는 에피소드, 사례, 스토리텔링이 상당히 효과적이다. 사람들은 이야기 형식의 스피치를 흥미로워하고 가장 잘 기억하는 편이다.

마지막으로 기억할 것은 주어진 시간을 반드시 지켜야 한다는 점이다. 아무리 좋은 내용도 시간을 초과하게 되면 청중의 집중력은 한계에 다다른다. 미리 약속한 스케줄과 시간을 꼭 지키는 건 프레젠테이션의 기본이다.

프레젠테이션에서 실수했을 때 기억할 것

프레젠테이션에서 실수를 줄이는 방법

프레젠테이션과 같은 공식적인 말하기가 큰 부담으로 다가오는 이유는 많은 사람들 앞에서 실수하는 게 두렵기 때문이다. 그 실수가 귀엽게 넘어가줄 수 있는 수준이 아니라 업무 평가에서 치명적인 오점이 될까 봐 두려운 것이다.

누구나 실수하는 걸 원하지 않지만, 그렇다고 항상 실수 없이 잘할 수는 없는 노릇이다. 생방송을 하는 방송인들도 실수를 한다. 나는 깨끗한 물에서 서식하는 도롱뇽이 어느 하천에서 무더기로 발견되었다는 반가운 뉴스를 전해야 했는데, '무더기'라는 단어에 늘 세트처럼 딸려 나오는 말이 입에 밴 나머지 "도롱뇽이 무더기로 적발됐습니다."라고 말한 적도 있다. 스튜디오 밖에서는 "아니, 도롱뇽이 뭘 잘못한 게 아닌데 뭐가 적발이 돼요?"라는 담당 피디의 코멘트가 있었다.

실수를 해야 그 안에서 배우는 게 있고 성장하는 것이 아니던가. 나는 그 실수 후 습관적으로 하는 말도 다시 점검을 하는 버릇이 생겼다.

발전 가능성이 큰 사람은 능력이 뛰어난 사람이 아니라 스스로에게 실수할 수 있는 기회를 많이 주는 사람이다. 그러니 실수를 너무 막연하게 두려워하지 않았으면 좋겠다. 실수를 한다 해도 세상이 두 쪽 나는 게 아니지 않은가.

무엇보다 실수와 같은 부정적인 경험이 도움이 된다는 것은 심리사회발달 이론을 통해서도 알려져 있다. 독일 출신의 미국 심리학자인 에릭 에릭슨Erik Homburger Erikson에 따르면, 사람은 심리사회적 위기에서 긍정적 요소와 부정적 요소를 모두 경험하게 되는데 부정적 요소도 어느 정도는 경험해야 적절한 발달이 이뤄진다고 했다. 긍정적 요소가 부정적 요소보다 상대적으로 더 많을수록 좋긴 하지만 부정적 요소도 어느 정도 경험을 해야 성격 발달이 적절하게 이뤄진다는 것이다.

불필요한 말은 줄이고 능청스럽게

말하기도 마찬가지다. 처음부터 남들 앞에서 조금의 실수도 없이 발표를 잘하는 사람은 거의 없다. 다들 크고 작은 실수를 하며 점점 성장하고 발전하는 것이다. 프레젠테이션을 망쳤다 하더라도 좋은 성장의 기회로 삼으면 된다. 내가 했던 실수는 다음 말하기에서 스토리텔링의 좋은 소재가 될 수도 있다. 그러니 공식적인 말하기에서의 실수 역시 도움이 되는 요소라고 생각하면 그만이다. 실수하는 나 자신을 관대한 시선으로 바라봐줄 수 있다면 좋겠다. 그럼에도 기본적인 실수만큼은 피하고 싶다면, 다음의 두 가지를 꼭 기억하자.

1. 지나친 솔직함은 금물

회사에 다니면 때때로 전사 차원에서의 단체 교육에 동원될 때가 종종 있다. 나 역시 그런 경험이 있는데, 하루는 이른 아침부터 회의실에 모여 어느 강사의 강연을 들어야 했던 적이 있었다.

그 강사는 희한하게도 말을 하면서 자주 허리춤으로 손을 가져갔다. 계속 흘러내리는 바지가 신경 쓰이는 것과 동시에 사람들 보기에도 민망할 거라 생각했는지, 자꾸만 바지를 추켜올리며 이런 말을 했다.

"죄송합니다. 제가 오늘 너무 급하게 나오는 바람에 허리띠를 깜빡했지 뭐예요."

그가 무슨 내용으로 강연을 했는지는 전혀 기억나지 않는데, 저 지나치게 솔직했던 멘트만은 여전히 내 기억 속에 정확히 남아 있다.

그 강사는 자신의 발언이 솔직함이라고 생각했을지 모르겠다. 하지만 그 말을 듣는 청중은 그렇지 않을 수도 있다. '아니, 무슨 강사가 이렇게 준비성이 없어? 아침에 하는 강의인데 늦잠을 잤다는 건가?'라거나 '오다가 하나 사도 될 것을 그런 융통성도 없는 사람인가?'라며 부정적인 평가를 얼마든지 내릴 수 있는 발언이라고 생각한다.

때로는 발표에 앞서 떨리는 마음을 있는 그대로 고백하고 시작하는 사람도 있다.

"이 자리에 서니 굉장히 떨리네요."

"청심환을 두 개나 먹었는데도 떨리네요."

이런 말을 한 다음에 자료 화면을 잘못 넘긴다거나, 했던 말을 반복하는 등 작은 실수라도 하게 되면 청중은 '떨린다더니 저런 것도 못하는군.' 하고 생각하기 쉽다. 발표자가 떨린다고 말하지 않았다면 단순 실수로 넘어갔을 일이다.

청중은 발표자가 솔직한 고백을 하기 전까지는 아무것도 모른다. 아무 말도 하지 않았다면 청중은 강사의 허리띠가 있는지 없는지, 청심환을 두 개나 먹을 정도로 떨리는지 떨리지 않는지 모른다. 굳이 불필요한 솔직함을 발휘해 발표자를 부정적으로 평가하도록 정보를 제공하지 않아도 된다.

지나친 솔직함은 작은 실수도 큰 실수로 보이게 만드는 지름길이다.

2. 유연하게, 능청스럽게

요즘 나는 사이버대학교에 다니고 있다. 날마다 동영상 강의를 통해 수업을 들으며 여러 교수님들의 말하기 스타일을 보게 되는데, 교수님이 유연하고 능청스러울수록 자연스럽게 느껴진다.

"칠천오백억, 칠천오백 원, 칠천오백억억, 칠천오백억 원. 아이고, 액수가 너무 크다 보니 발음도 어렵네요. 칠천오백억 원입니다."

자꾸만 단위에서 발음이 틀리니 순간적으로 당황한 교수님은 동영상 강의를 다시 녹화하는 대신 순간적인 기지를 발휘함으로써 아주 자연스럽고 매끄럽게 수업을 이어갈 수 있었다.

반면 어떤 교수님은 계속 헛기침이나 재채기를 하면서도 아무런 코멘트도 하지 않았다.

"날씨가 점점 쌀쌀해지다 보니 자꾸 목이 잠기네요. 학생 여러분도 감기 조심하세요."라거나 아주 간단하게 "죄송합니다."라고 한마디만 했어도 자연스러워 보일 텐데 아무런 말도 하지 않고 그냥 넘어가버리니 마치 로봇이 말을 하는 듯 딱딱하게 느껴졌다.

말을 하다 실수를 했다면 조금은 능청스럽고 뻔뻔하게 대처해보자. 누구나 실수를 할 수 있다는 마음으로 자연스럽게 한마디 툭 던지면 그만이다. 발음이 너무 어려워서 틀렸다거나, 자료 화면이 많아 빨리 넘기느라 실수가 있었다거나, 발표 준비를 너무 열심히 하느라 오타를 미처 발견하지 못했다는 코멘트는 당황해서 순간적으로 얼어버리는 것보다 훨씬 더 나은 선택이다.

누구나 비슷한 실수를 할 수 있고, 이해하지 못할 일이 아니다. 그 실수의 순간에 자연스러운 한마디를 덧붙일 수 있는 센스를 연마해보자. 실수지만 실수가 아닌 것처럼 느껴질 것이다.

처음부터 남들 앞에서 조금의 실수도 없이 발표를 잘하는 사람은 거의 없다. 다들 크고 작은 실수를 하며 점점 성장하고 발전하는 것이다. 프레젠테이션을 망쳤다 하더라도 좋은 성장의 기회로 삼으면 된다. 내가 했던 실수는 다음 말하기에서 스토리텔링의 좋은 소재가 될 수도 있다.

도대체 이 손을 어떻게 처리하면 좋을까요?

보디랭귀지, 적절한 손 활용법

"어색해서 미칠 것 같아요. 도대체 손을 어떻게 처리하면 될 까요?"

말하기 수업을 하며 실습을 진행하면 사람들은 대체로 손 처리를 어려워했다. A4 용지를 반으로 접어 손에 쥐고 있으면 좀 편안한가 싶었지만, 마음이 불안할수록 종이 끝을 자꾸 말아 접는 식으로 종이를 가만히 두지 않았다. 어색해하는 손에게 굳이 종이를 들게 하는 불필요한 역할을 줌으로써 어색함을 극복해보려 했던 의도는 온데간데없어졌다. 오히려 말하는 사람의 불안함만 들키게 하는 셈이었다.

볼펜을 쥐고 있는 손도 문제였다. 자신도 모르게 볼펜 끝을 눌렀다 뺐다 하거나, 무의미하게 들고 있다는 인상이 쉽게 느껴졌다. 그렇다고 주머니에 손을 넣을 수도 없고, 차렷 자세로 발표 시작부터 끝까지 있으려니 그 또한 사람을 얼어 보이게 만드는 이상한 효과를 낳았다.

나의 손과 몸도 메시지를 전달하고 있다

아마 스피치 관련 정보를 조금이라도 찾아본 사람은 '메라비언의 법칙The Law of Mehrabian'이라는 말을 한 번쯤은 들어봤을 것이다. 대화에서 시각과 청각의 이미지가 중요하다는 것을 말하는 커뮤니케이션의 한 이론이다. 이 이론에 따르면, 어떤 말을 하는지가 중요할 것 같지만 실제로는 대화 상대가 자세나 복장, 제스처 등의 시각적 이미지와 목소리 톤이나 음색에 더욱 영향을 많이 받는다고 한다. 시각과 청각이 영향을 미치는 비율이 무려 93%이고, 말의 내용이 고작 7%라니 정말 놀라운 결과다.

이 사실을 안 이상, 더 이상 내가 말할 내용 준비에만 몰두할 수는 없다. 스피치를 하는 나의 몸을 어떻게 움직일지도 충분히 계산하고 연습해야 한다. 나의 워크숍에서는 메시지 전달에 효과적인 움직임을 위해 다음과 같은 'ABC 이야기'로 실습하는 시간을 늘 갖는다.

①A라는 작은 마을이 있었습니다. 마을을 잘 다스리는 이장 덕분에 사람들은 함께 지켜야 할 규칙을 만들었습니다. 그리고 그 규칙을 바탕으로 평화롭게 지내고 있었죠. 바로 옆에는 ②B라는 마을이 있었습니다. 역시나 B마을도 그들만의

약속 안에서 잘 살고 있었습니다. 사람들은 B마을의 이장에게 아무런 불만이 없었습니다.

문제는 갑자기 ③C마을이 등장하면서 시작되었습니다. C마을의 규모가 ④A와 B마을을 합친 것만큼 컸는데요. 이 때문에 A와 B마을에 공급되던 생필품들이 ⑤점점 부족해졌습니다. C마을이 무엇이든 대량으로 구입하기 때문이었습니다. 평화롭던 A와 B마을은 비상이 걸렸습니다. 생활이 불편해지자 어떤 조치를 취해야 하는 게 아니냐는 말들이 오갔죠.

그러다 ⑥A와 B마을을 합치는 게 좋지 않겠느냐는 의견이 나왔습니다. C마을과 규모가 비슷해져야 지금과 같은 상황을 벗어날 수 있으니까요. 결국 A와 B마을을 합치기로 결정한 마을 사람들은 AB마을의 새로운 이장을 뽑아야 했습니다. 한 마을에 이장이 둘일 수는 없었습니다.

먼저 A마을 이장이 AB마을의 새로운 이장 후보로 출마했습니다. 그의 경력은 ⑦대략 이런저런 것들을 포함해 열 가지 정도였습니다. 이에 질세라 B마을 이장도 나섰습니다. 자신의 이력을 ⑧열 가지쯤 읊은 그 역시 A마을 이장과 경력이 비슷했습니다. 사람들은 투표를 했고, 근소한 표 차이로 AB마을의 이장은 ⑨A마을 출신 이장이 되었습니다.

▶ 보디랭귀지 활용법

① 손으로 작은 원을 만들어 A마을이라는 것을 보여준다.

② A마을을 표현한 작은 원 옆에 작은 원을 하나 더 만들어 B마을을 표현한다.

③ A와 B마을을 합친 것만큼 큰 원을 그려 C마을의 등장을 알린다.

④ 손바닥을 마주치게 만든 후 깍지를 낌으로써 A와 B마을을 합친 규모라는 걸 보여준다.

⑤ 양 손바닥을 위아래로 점점 합쳐지게 만들면서 수량이 줄어드는 것을 표현한다.

⑥ 양손을 가볍게 모으는 것처럼 움직여서 A와 B마을의 통합을 암시한다.

⑦ 왼팔을 옆으로 쭉 뻗어 손을 쫙 편 상태에서 A마을 이장의 경력이 쭉 나열되어 있는 것처럼 팔을 아래로 내린다.

⑧ 오른팔을 옆으로 쭉 뻗어 손을 쫙 편 상태에서 B마을 이장의 경력이 쭉 나열되어 있는 것처럼 팔을 아래로 내린다.

⑨ 양 손목이 맞닿은 채 손끝을 펼쳐 V자를 만들어 새로운 이장의 탄생을 알린다.

예문은 내가 지은 ABC 이야기다. 그 어떤 이야기도 ABC로 만들 수 있다. 생일에 먹고 싶은 음식들, 출근할 때 이용할 수 있는 교통수단의 종류, 내가 좋아하는 혹은 싫어하는 사람의 유형 등을 A부터 Z까지 얼마든지 표현할 수 있다. 구체적이지 않아도 괜찮다. ABC를 활용한 말도 안 되는 이야기를 하는 이유는 바로 최대한 몸을 활용해보기 위해서다.

나는 밑줄 친 부분을 말할 때 '보디랭귀지 활용법'처럼 손동작을 움직였는데, 실제로 이렇게 하면 스피치의 전달이 더욱 풍부해 보인다. 내가 예로 든 손동작만 하는 것이 아니라 솔직한 이야기를 강조하기 위해 손바닥을 보이거나, 자신감을 드러내기 위해 양 손끝을 맞대어 첨탑을 만들거나, 감동받은 마음을 표현하기 위해 손을 가슴에 얹어도 된다. 과감하게 시도할 약간의 용기만 있다면, 갈 곳을 잃어 방황하는 손을 얼마든지 적절하게 움직일 수 있다. 가만히 차렷 자세로 말하기를 하는 것과 양팔을 적당히 움직이는 것에는 생각보다 큰 차이가 있다. 직접 ABC 이야기를 만들어서 손동작을 연습할 때에는 다음 세 가지를 주의해야 한다.

첫째, 손을 쓸 때는 최대한 양팔을 크게 움직여야 한다. 본인 스스로 어색해하면서 쭈뼛거리는 동작은 안 하느니만 못하다. 과감하게 움직여보자. 이상하리만치 큰 동작을 해도 괜찮은 이유는, 연습할 때 크게 해도 실전에선 그만큼 발휘가 안 되기 때문이다. 연습할 때 큰 동작으로 해야 실전에서 그 절반 정도가 구현된다. 연습할 때 작게 하면 실전에선 손이 제대로 뻗어지지도 않는다. 큰 동작을 과감하게 해야 당당한 스피치가 된다. 내 몸도 제대로 움직이지 못한다는 인상을 주면 스피치의 전체 분위기 또한 그렇게 흘러간다.

둘째, 같은 동작을 무한 반복하면 안 된다. 이 또한 큰 동작과 관련이 있는데, 부끄럽다고 양팔을 겨드랑이에 딱 붙이고 팔꿈치에서만 움직이면 어쩔 수 없이 같은 동작을 계속 반복하게 된다. 움직임에 한계가 있기 때문이다. 이야기는 달라지는데 동작이 계속 같다면 스피치를 풍부하게 만드는 데 아무런 의미가 없다. 오히려 반복하는 부산스러운 손동작 때문에 내용 전달에 방해가 될 가능성이 크다. 최대한 내용에 맞는, 다양한 동작을 구사해보자.

셋째, 구연동화와도 같은 유치한 동작은 피해야 한다. 내 이야기를 듣는 사람이 유치원생이라면 모를까, 중요한 공식적인 자리에서 1차원적인 손동작은 금물이다. 예를 들어 '전화' 이야기를 하며 엄지와 새끼손가락을 귀와 입에 대는 전화기 제스처를 취한다거나, '토끼'를 설명하며 머리 위로 귀를 만든다거나, '급하게 달린다'라는 말을 하면서 두 주먹을 꼭 쥔 채 양팔을 움직이며 달리는 행동을 하는 건 제발 하지 말자. 중요한 건 그런 단순한 행동이 아니라 내가 전달하고

자 하는 핵심 메시지다. 그 메시지를 돋보이게 하는 제스처를 보여주어야 한다.

어색하지 않은 자세와 동작을 위한 체크 리스트

사람들 앞에서 발표자가 보여줄 수 있는 제스처는 손동작만이 아니다. 손동작은 정말 기본적인 사항이라 비교적 자세하게 언급한 것이며, 다음의 움직임도 참고해보면 좋겠다.

▶ 눈

시선을 마주치는 것도 말하기의 중요한 요소이다. 스피치 내내 발표 자료에만 시선을 고정한다면 내 이야기를 듣고 있는 사람들이 어떤 반응을 보이는지 전혀 알 수 없게 된다. 고개를 들어 내가 하는 말을 들어주고 있는 사람들과 시선을 마주치면 말하는 사람 입장에서도 응원을 받는 기분이 들어 더욱 힘이 날 때도 많다.

특히 첫마디를 지나 본론으로 진입한 스피치 구간이라면 청중과도 어느 정도 익숙해졌을 테니 자연스럽게 고개를 돌리며 시선을 던져도 좋다. 내 이야기를 웃으며 듣고 있는 사람을 발견하거든, 조금 더 오래 시선을 머물러도 괜찮다.

▶ 목

내가 하는 말에 사람들이 동의를 해주었으면 싶을 때는 가볍게 고개를 끄덕이며 이야기를 전해도 좋다. 두세 번이면 충분하다. 너무 자주 많이 끄덕이는 것도 청중의 정신을 산만하게 만든다. 반대로 절대 하면 안 되는 내용, 중요한 주의 사항을 전달할 때는 목을 양옆으로 움직임으로써 고개를 가로저어도 된다. 고개를 끄덕이는 것과 마찬가지로 적당한 속도로 두세 번 움직이면 충분하다. 너무 빠르게 움직이는 것 역시 정신없어 보이기도 하고, 간혹 머리카락이 헝클어질 수도 있어 불필요하게 머리에 손이 갈 수도 있다.

은근히 자주 머리를 매만지거나 얼굴에 손을 갖다 대는 등 스피치와 관계없는 행동은 최대한 하지 않는 게 좋다. 발표자의 산만한 행동은 청중의 집중력을 떨어뜨리는 역효과를 불러오기 때문에 주의해야 한다.

▶ 발과 몸

발표하는 무대가 비교적 크다면 한 자리에 서서 손과 눈과 목만 움직일 것이 아니라 발을 움직여 이동도 하고, 몸의 방향도 다양하게 틀어 보일 수 있어야 한다. 정말 중요한 장면을 보여주는 것이라면 잠시 말을 멈추고 자리를 이동한 다음 메시지를 전달하는 것도 좋은 움직임이 된다. 발표자의 조용하지만 큰 움직임이 사람들을 더욱 집중하게 만들기도 하기 때문이다.

과감하게 시도할 약간의 용기만
있다면, 갈 곳을 잃어 방황하는 손을
얼마든지 적절하게 움직일 수 있다.
가만히 차렷 자세로 말하기를 하는
것과 양팔을 적당히 움직이는 것에는
생각보다 큰 차이가 있다.

Step 3

어떤 상황이든 누구를 만나든
자신 있게 대화한다

말하기의 주된 목적은 내가 하고 싶은 말을 다 한다는 것에서 그치지
않는다. 내가 한 말을 듣고 상대가 움직여주어야 한다. 협상이라면
내가 유리하게 끌고 갈 수 있어야 하고, 설득을 원한다면 상대가
내 말에 동의해주는 결과를 얻어야 한다. 많은 사람들 앞에서
프레젠테이션을 했다면 사람들이 내가 한 말을 제대로 이해하는
분위기여야 한다. 때로는 예상치 못한 상황에서 즉흥적으로 스피치를
해야 할 때도 있는데, 이 역시 대충 몇 마디로 때울 게 아니라 그
상황에 맞게 의미 있는 한마디를 할 수 있어야 하는 것이다.

모든 대화마다 내가 원하는 방향으로 전부 이끌어낼 순 없겠지만,
기본적으로 내가 왜 이 말을 하는지를 정확히 인지한 다음 목적에
부합하는 스피치를 해야 한다. 그러려면 깊이를 담은 말하기를 할 수
있어야 하는데, 그 과정에서 말하는 사람이 혼자 방황하는 경우가 종종
생기곤 한다. 말이 길어지기도 하고, 했던 말을 반복하기도 하면서
갈팡질팡하는 것이다.

Step 3에서는 깊이 있는 말하기를 하면서도 방황하지 않는 법에 대해,
그리고 상대를 움직일 수 있는 말하기에 대해 이야기해보려 한다.
공식적인 말하기는 항상 특정 목적을 갖고 있다는 걸 기억하자.

예상치 못한 순간에도
당황하지 않고 조리 있게 말하는 법

―――――――
즉흥 스피치 연습

"무인도에 갈 때 가지고 가고 싶은 세 가지는 무엇이고, 그
것들을 고른 이유는 무엇입니까?"
"지금 이 상황을 하나의 단어로 정의한다면 어떤 말로 표현
하고 싶으신가요?"
"이 세상에서 가장 유명한 사람은 누구라고 생각하는지, 그
리고 그 사람을 고른 이유가 무엇인지 말씀해주세요."

만약 면접장에서 이런 질문을 받았다면 어떤 대답을 내놓
을 것인가? 뜬금없는 질문이지만 그래도 대답은 해야 한다.
그나마 이렇게 문장으로 되어 있는 질문은 친절하기라도 하
다. 내가 아나운서 지망생들을 대상으로 수업을 할 때는 눈
사람, 수돗물, 고양이, 의자, 가방, 구름, 폭포 등 단어를 임
의로 갑자기 던져주고는 즉석에서 '1분 스피치'를 해보는 미
션이 수업 시간마다 진행되었다. 한마디로 '즉흥 스피치'를

했던 것이다.

즉흥 스피치는 굉장히 실용적이다. 어떤 상황에서도, 누구와 대화해도 크게 당황하지 않는 말하기를 가능하게 해주기 때문이다. 내가 미처 생각해보지 못한 주제에 대해 이야기해야 할 때 그 기회를 잘 활용할 수 있다면, 나는 언제 어디서든 말을 잘하는 사람으로 기억될 수 있을 것이다.

내가 즉흥 스피치를 할 일이 있긴 할까 싶겠지만, 평소 우리가 하는 대부분의 말하기는 즉흥 스피치에 가깝다. 참석만 하면 되는 줄 알았던 회의에서 갑자기 의견을 말해보라는 상사의 요구가 있을 때, 프로젝트를 마치고 회식을 하다가 한 명씩 돌아가면서 소감을 말해야 할 때, 발표를 하던 도중 생각해보지 않았던 부분에 대해 질문을 받았을 때 등이 모두 즉흥 스피치가 필요한 경우다.

면접만 해도 그렇다. 충분히 예상 가능한 자기소개, 지원 동기, 업무 관련 경력 등의 질문을 제외하면 면접관이 내게 뭘 물어볼지 모른다. 모든 대답이 다 즉흥 스피치여야 한다. 지금 회사를 다니고 있다 해도 안심할 수 없다. 언젠가 이직을 할 때가 오면 또 면접을 봐야 한다. 내 사업에 투자를 할 사람이 묻는 질문에 답하는 것도 면접과 크게 다르지 않다. 그 언젠가 겪을 면접에서 당황하지 않고 여유 있는 말하기를 하고 싶다면 즉흥 스피치 연습을 미리 해두는 게 좋다. 닥쳐서 준비하면 긴장과 떨림만 가중될 뿐이다. 지금 당장의 사회생활에도 필요하고 미래의 나에게도 도움이 될 가장 실용적인 스피치 연습이 될 것이다.

예상치 못한 순간을 준비하는 방법

우선 '창문'이라는 단어를 활용해 만든 아래의 즉흥 스피치 원고를 읽어보자.

가만히 있어도 땀이 주르륵 흐르는 아주 무더운 여름, 야외에서 창문을 통해 카페를 들여다보면 참 시원해 보입니다. 당장이라도 들어가고 싶어지죠. 겨울에도 마찬가집니다. 손발이 꽁꽁 얼도록 추운 날 밖에 서서 창문 너머의 카페를 들여다보면 어떤가요? 참 따뜻하고 아늑해 보입니다.

창문이 무슨 마법을 부린 걸까요? 글쎄요. 지레 그럴 것이라고 짐작하며 창문 안의 풍경을 바라보는 내 마음에 따라 달라 보이는 거겠죠. 실제로 그 안으로 들어가기 전까지는 내가 기대한 만큼 시원한지, 따뜻한지 알 수 없습니다. 생각보다 덥거나 추운 카페도 얼마든지 있으니까요.

그런데 이렇게 직접 경험해보지 않고, 검증해보지 않고, 혼자 판단해버리는 창문이 우리 마음속에도 있다는 사실을 알고 계신가요? 그건 바로 '선입견'이란 이름의 창문입니다.

어떤 사람을 보고는 '저 사람은 참 착해.'라거나 '쟤는 원래 깍쟁이니까.'라는 식으로 판단을 너무 빨리 내리지는 않나요? 물론 실제로 그런 면도 있을 겁니다. 하지만 항상 같은 모습은 아닐 거예요. 사람은 그렇게 단순하지 않습니다. 시간을 두고 충분히 경험해보지도 않고 어떤 사람에 대해 너무 성급하게 판단하는 경우가 있는 건 아닌지 생각해봐야 합니다.

다 큰 어른이 된 후에 진정한 친구를 사귀는 게 쉽지 않다고들 말합니다. 저는 그 이유가 우리 마음속에 존재하는 '선입견'이라는 창문 때문이라고 생각해요. 어쨌거나 나이를 먹으면서 생기는 나만의 판단 기준을 없앨 수는 없어요. 선입견이 없는 사람은 없을 거예요.

그래도 우리는 이런 노력을 해볼 순 있지 않을까요? 마음속에 존재하는 선입견이라는 창문의 존재를 인정하고, 그 창문을 조금이라도 더 깨끗하게 닦는다거나 조금이라도 더 활짝 열고자 하는 노력이요.

그렇다면 사람들에 대해 섣불리 판단하고 오해하는 일은 지금보다 훨씬 줄어들 거라 생각합니다. 지금 당장 다 함께 나만의 창문 관리를 시작해볼까요?

'창문'이라는 단어를 가지고 저마다 각기 다른 이야기를 풀어낼 수 있을 것이다. 그것이 바로 즉흥 스피치의 매력이다. 나는 창문을 선입견과 연관 지으며 '선입견을 줄이기 위한 노력을 하자'는 이야기로 풀어보았다. 이러한 내용의 흐름은 다음의 즉흥 스피치 3단계에 의해 도출된 결과다.

1단계	단어가 가진 특징 찾기	창문, 눈은 마음의 창, 온도 차단, 온도 보호, 싸구려 창문은 사물을 왜곡된 채로 보이게 함, 유럽 성당들의 스테인드글라스 작품들, 창문에 입김 불어 그림 그리기 등
2단계	여러 특징들 중 하나를 골라 나만의 주제 정하기	우리 마음속에 존재하는 창문을 관리해야 한다.
3단계	키워드로 정리하기	여름, 겨울, 카페, 선입견, 오해, 선입견 타파를 위한 노력

즉흥 스피치 3단계 논거 회로

우선 즉흥 스피치의 소재가 정해지면 그 단어가 가지고 있는 모든 특징들을 최대한 많이 생각해보는 게 즉흥 스피치의 1단계다. 창문의 경우 '눈은 마음의 창' 같은 표현을 떠올려볼 수 있다. 또 창문은 온도를 차단하거나 보호하는 역할을 하고 질 낮은 창문은 사물을 이상하게 보여주기도 한다. 유럽 여행을 할 때 본 예술 작품 같은 스테인드글라스를 떠올릴 수도 있다. 창문에 입김을 불어 그림을 그릴 수도 있다. 이처럼 브레인스토밍을 한다고 생각하고 내가 떠올릴 수 있는 단어의 특징들을 짧은 시간에 가능한 한 많이 적어보자.

그다음 2단계에서는 마음에 드는 특징들 중 하나를 골라 내가 말하고 싶은 주제를 정해야 한다. 나는 '눈은 마음의 창'이라는 특징을 바탕으로 '마음속 창문이라고 할 수 있는 선입견을 줄이기 위해 노력하자'라는 주제를 정했다. 이 밖에도 '단순한 창문이 스테인드글라스로 예술이 되듯이 그 무엇도 예술이 될 수 있다'라는 주제도 가능하다. 이렇게 주제를 정하고 나면 즉흥 스피치의 윤곽이 잡힌다. 내가 할 말의 주제가 한 문장으로 정리가 된 덕분이다.

마지막 3단계는 나의 스피치를 키워드 중심으로 정리하는 일이다. 즉흥 스피치를 완벽하게 외워서 말할 수는 없다. 주제에 맞는 말의 흐름을 바탕으로 키워드를 대략 다섯 개 정도로 정리한 후 그 순서에 맞게 말하면 된다. 이미 한 줄로 정리해둔 즉흥 스피치의 주제가 있기 때문에 생각보다 헤매지 않고 이야기를 진행할 수 있다.

이러한 즉흥 스피치는 자주 해오던 말하기의 연습이 아니라서 다소 낯설게 느껴질 수 있다. 그래서 몇 가지 단어로 조금만 더 예시를 들어보고자 한다.

1. 종이컵

1단계	단어가 가진 특징 찾기	믹스 커피, 요리할 때 쓰는 계량컵, 실로 연결한 전화, 아이들 공작 도구, 재떨이, 사무실 필수품, 일회용품, 종이컵에 낙서, 종이컵 홀더 등
2단계	여러 특징들 중 하나를 골라 나만의 주제 정하기	다양한 쓰임을 자랑하는 종이컵처럼 나도 다양한 방면에서 능력을 발휘하는 멀티 플레이어가 되고 싶다.

일상에서 흔히 보는 '종이컵'으로 연습해본 1~2단계의 즉흥 스피치 연습이다. '종이컵'에 관련된 특징들을 모조리 떠올려본 후 마음에 드는 걸 하나 골라 주제를 뽑기만 하면 얼마든지 스피치를 완성할 수 있다.

다만 이때 누구나 흔하게 하는 뻔한 생각은 가급적 고르지 않았으면 좋겠다. 이를테면, '종이컵과 같은 일회용품 사용을 자제함으로써 환경 보호에 앞장서자' 같은 내용이 그렇다. 누구나 예측할 수 있는 것으로 즉흥 스피치를 하지 말고, 한 번 더 꼬아보는 연습을 하는 게 좋다. 앞서 '창문'을 '선입견'으로 바꾼 것처럼, '종이컵'도 '멀티 플레이어'로 바꿀 수 있을 것이다.

2. A4 용지

1단계	단어가 가진 특징 찾기	복사기 용지 걸림, 이면지, 사무실 필수품, 분쇄기, 리포트, 보고서, 제안서, 계약서, 전자문서, 파일, 서류 던지기, 종이접기, 전 세계 동일 규격 등
2단계	여러 특징들 중 하나를 골라 나만의 주제 정하기	전 세계 어디에서나 A4 용지는 공통 규격인데, 나 역시 어느 조직에서건 같은 평가를 받는 기준과도 같은 사람이 되겠다.

'A4 용지'라는 단어로 1~2단계를 연습해본 예시이다. 평소 'A4 용지'로 연결 지어 생각해볼 수 있는 내용을 최대한 나열해본 뒤 마음에 드는 특징을 하나 골라 주제를 만드는 과정은 똑같다.

나는 A4 용지의 '공통 규격'에 초점을 맞춰 어느 곳에서건 '같은' 평가를 받는 사람이 되고 싶다는 주제를 뽑아보았다. 이 외에도 'A4 용지에 어떤 내용이 담기느냐에 따라 몇 억

원짜리 계약서가 될 수도 있고 이면지가 될 수 있는 것처럼 나 역시 더 높은 가치를 만들어내는 사람이 되고 싶다'와 같은 주제도 괜찮다.

특히 '종이컵'이나 'A4 용지'의 주제는 면접장에서 얼마든지 자신을 어필하기 위해 활용할 수 있다. '열심히 하겠다'라거나 '최선을 다하는 신입사원이 되겠다'라는 식의 스피치보다 더 돋보이는 답변이 될 것이다.

이러한 즉흥 스피치 연습은 매일 생기는 자투리 시간에 얼마든지 할 수 있다. 이를 닦는 동안, 출퇴근하는 대중교통 안에서, 잠들기 직전 등의 시간에 눈앞에 보이는 사물의 이름 하나를 골라 1~2단계 연습을 수시로 하는 것이다. 처음부터 잘되진 않겠지만, 어느 날 갑자기 '내가 이렇게 멋진 생각을 하다니!' 싶은 순간이 온다. 이러한 아이디어가 쌓일수록 깊이 있는 말하기가 된다. 짧은 시간 동안 한 번 더 꼬아서 생각한 후 말하는 연습이 남들과 다른 차별화된 스피치를 만들어주는 덕분이다. 이러한 즉흥 스피치 연습을 일상생활에서 꾸준히 한다면 언제, 어디서건 당황하지 않는 것은 물론이고 여유 있고 자신감 넘치는 말하기도 가능해질 것이다.

상대를 움직이는 말에는 순서가 있다

성공하는 설득 스피치의 흐름

상사가 왜 중간보고를 누락했느냐고 나무랄 때, 더 혼나지 않기 위해서는 필사적으로 변명을 해야 한다. 어떤 이유로 보고를 미뤘는지, 그 이유가 얼마나 합당한 일인지를 최대한 설명해야 하는 것이다. 이때 말하기의 목적은 '그러니까 저혼내지 마세요. 이런 이유가 있으니까 제 잘못이 아닙니다.'가 된다. 한마디로 나를 혼내지 않게 상사를 설득해야 하는 셈이다.

면접장에서는 어떤 질문을 받아도 모든 대답은 하나의 목적으로 귀결되어야 한다. '그러니까 저를 뽑아주셔야 합니다.'이다. 내가 하는 모든 말은 나를 채용해야 한다고 면접관들을 설득하는 것이어야 한다. 소개팅에서 마음에 드는 사람을 만났을 때도 마찬가지다. 어떤 대화를 나누더라도 그 이야기의 끝은 '그러니까 우리 앞으로 잘해볼래요?'가 된다.

근거는 확실하게, 흐름은 자연스럽게 설득하는 세 가지 방법

생각해보면 우리는 의외로 여러 상황에서 다양한 사람들을 대상으로 설득을 해야 한다. 내가 원하는 방향과 결과가 명확할수록 더욱 그렇다. 우리 회사의 고객이나 거래처, 광고주 등을 대상으로만 설득을 해야 하는 게 아니라는 뜻이다.

이렇게 자주 쓰이는 설득의 말하기를 위해 꼭 챙겨야 할 것은 '명확한 근거'와 '논리적인 흐름'이다. 제안을 하면서 "그냥 좀 해주세요. 좋은 게 좋은 거라고 하잖아요."라고 말하는 사람과 "이 제안이 성사되면 어떤 일이 벌어질 것이고 당신에겐 어떤 이득이 돌아갈 것입니다."라고 말하는 사람 중에서 누구의 말을 더 들어주고 싶겠는가?

설득 스피치에 익숙해지고 싶다면 다음 세 가지 방법들을 참고해보자.

1. 육하원칙

신문이나 뉴스 등 보도 기사를 작성할 때 필수적으로 여섯 가지의 정보가 담겨야 하는 육하원칙에 대해서는 정말 많이 들어봤을 것이다. '누가(who), 언제(when), 어디서(where), 무엇을(what), 왜(why), 어떻게(how)'에 해당하는 육하원칙을 설득 스피치에서도 활용해볼 수 있다. 명확한 근거를 말할 때 빠뜨린 내용은 없는지 체크해볼 수 있고, 내 주장을 뒷받침해주는 근거의 정확한 정보가 되기도 하기 때문이다.

저는 담합의 장점에 대해 이야기하고 싶습니다. (→ 나의 주장)
미국(where)의 인기 시트콤 〈프렌즈Friends〉의 장수 비결은 바로 출연자들의 출연료 담합(what)입니다.
여섯 명의 출연자(who)들은 함께 모여 자신의 출연료를 공유(how)했습니다.
다 같이 하는 노력인데, 누군가의 몸값이 더 높아 서로 마음이 상하기보다 서로를 믿고 함께 가고자 했던 의도로(why) 담합을 결정한 것입니다.
시즌 3부터(when) 여섯 명의 출연자들은 똑같은 출연료를 받았고, 배우들은 10여 년간 서로를 믿고 의지하며 일한 덕분에 최고의 시트콤을 만들었습니다. 만약 이들이 출연료 담합 대신 자신들의 몸값에만 신경을 썼다면 과연 지금과 같은 역대급 기록으로 사랑받은 프로그램이 될 수 있었을까요?

나의 주장을 뒷받침할 수 있는 근거의 정보를 나열할 때 육하원칙을 챙기면 신빙성 있는 내용이 된다. 육하원칙으로 정리되지 못할 근거라면 정보가 많이 비어 보일 것이다. 설득을 위한 발표에서는 종종 해외 사례나 성공 사례를 근거로 제시하곤 하는데, 그 내용에 빠진 것은 없는지 육하원칙으로 챙겨보자.

2. STAR 법칙

나의 주장을 잘 전달하기 위한 논리적인 흐름으로는 'STAR 법칙'을 따르는 것도 좋은 방법이다. STAR는 Situation(상황), Task(과제), Action(행동), Result(결과)를 말한다. 이 순서에 맞게 설득이라는 목적을 위한 내용을 배열하기만 하면 된다.

나의 경우, '퇴사학교'라는 곳에서 강의를 하고 싶어 공식 홈페이지에서 찾은 대표 이메일로 강의 제안을 했는데 그때 STAR 법칙을 다음과 같이 활용했다.

▶ Situation(상황)

퇴사학교를 찾는 사람들 중에는 당장 퇴사하고 싶어도 여러 여건상 바로 퇴사하지 못하는 이들이 많다고 생각한다. 누구나 자신이 원할 때 아무런 걱정 없이 퇴사할 수 있다면 굳이 퇴사를 고민하며 퇴사학교를 찾지는 않을 것 같다.

▶ Task(과제)

퇴사를 하고 싶어도 당장 실행하지 못하는 이유 중에는 솔직히 '돈' 고민이 크다. 돈 걱정이 없다면 보다 적극적으로 퇴사 설계를 할 수 있다. 퇴사학교의 커리큘럼을 보니 돈 관련 강좌가 없는 것 같다. 보다 나은 퇴사를 위한 여러 강좌도 물론 좋지만, 퇴사 준비의 가장 기본이 되는 돈 관리 강좌가 있으면 더 좋지 않을까?

▶ Action(행동)

이에 퇴사학교 측에 내가 직접 진행하는 돈 관리 강좌를 제안하는 바다. 나는 지난 2013년에 퇴사를 했고, 재테크 관련 베스트셀러 책을 여러 권 출간한 경력이 있다. 실제로 스물아홉 살에 1억 원을 모아 내 집을 마련해본 경험도 있다. 퇴사 선배로서, 돈 관리를 조금 먼저 해본 재테크 경험자로서 수강생들이 만족할 수 있는 강의를 진행할 자신이 있다.

▶ Result(결과)

수강생들이 돈 관리 강의를 듣게 되면 퇴사를 망설이게 하는 기본적인 걱정이 많이 줄어들 것이다. 그러면 퇴사학교가 원래 알려주고자 했던 자아 탐색이나 새로운 진로 관련 강좌를 보다 홀가분한 마음으로 들을 수 있지 않을까 싶다. 퇴사 이후를 위한 돈 관리를 하기 시작하면 보다 적극적으로 퇴사 준비에 임할 수 있게 된다. 현실적인 걱정에 대한 대책이 생기면 퇴사학교의 다른 강좌를 들으면서 더욱 적극적으로 퇴사 준비를 할 수 있게 되고, 결과적으로 퇴사학교에 대한 수강생들의 만족도가 높아질 것이라고 생각한다.

내가 보낸 이메일의 흐름을 정리한 내용이다. 내 제안을 받는 사람에게 상황과 문제를 직시하게 해주고, 내가 그 문제를 해결하는 데 최적화된 사람이라는 것을 어필함과 동시에 어떤 결과를 기대할 수 있을지 알려주는 것까지가 바로 STAR 법칙의 흐름이다.

설득 스피치를 해야 할 때 어떤 말을 어떻게 해야 할지 감이 오지 않는다면 STAR 법칙의 순서대로 하고 싶은 말들을 정리해보자. 함께하고 싶은 파트너에게 사업 제안을 할 때도, 내 책을 출간하고 싶어 출판사의 문을 두드려볼 때도, 고객에게 우리 회사의 물건을 홍보할 때도 STAR 법칙이 큰 도움을 줄 것이다.

"당신은 지금 이런 상황situation에 처하지 않았습니까? 그래서 이러한 과제task를 해결해야 하는데, 제가 제시하는 이런 방법action은 어떻습니까? 저는 이 방법을 실행하기에 이런저런 이유로 최적화된 사람입니다. 이런저런 조건도 충족하고요. 만약 저와 이 방법을 실행해보신다면 이러한 결과 result를 얻게 되실 것입니다."

이와 같은 설득 스피치의 흐름을 잘 활용해보자.

3. Why → What → How

《생각정리 스피치》의 저자 복주환은 설명을 잘하기 위한 방법으로 'Why → What → How'의 순서로 말하는 방법을 추천한다. 이유를 먼저 말하고 방법을 제시하는 게 효과적이기 때문이다. 나는 이 순서가 설득을 위한 논리적인 흐름에도 똑같이 적용된다고 생각한다. 상대를 설득하기 위해서는 무엇보다 이 이야기를 하는 이유가 먼저 전제되어야 하기 때문이다. 이것(나의 주장, 내가 하려는 말)이 '왜' 필요한가에 공감한다면, 그래서 '무엇'을 해야 하는지, 그 무엇을 하기 위해서는 '어떻게' 일을 진행하면 되는지가 자연스럽게 따라오기 마련이다.

처음부터 이 순서를 참고하여 설득 스피치를 준비한다면 논리적인 흐름에 부족함이 없을 것이다.

설득의 말하기를 위해 꼭 챙겨야 할 것은 '명확한 근거'와 '논리적인 흐름'이다. 제안을 하면서 "그냥 좀 해주세요. 좋은 게 좋은 거라고 하잖아요."라고 말하는 사람과 "이 제안이 성사되면 어떤 일이 벌어질 것이고 당신에겐 어떤 이득이 돌아갈 것입니다."라고 말하는 사람 중에서 누구의 말을 더 들어주고 싶겠는가?

싸우지 않고 원하는 것을 얻는 기술

토론, 협상, 제안을 잘하는 세 가지 방법

드라마나 영화를 보면 멋지게 차려입은 직장인들이 으리으리한 사무실이나 회의실에서 토론이나 협상을 하는 장면이 곧잘 나온다. 치열하게 의견도 주고받고, 서로에게 약점이 되는 부분도 적당히 지적하고, 자신에게 유리한 쪽으로 설득도 하면서 다들 청산유수로 말도 잘한다.

그런데 현실 직장에서의 회의나 토론은 어떤가?

"아니, 맨날 회의만 하면 도대체 일은 언제 하라고?"

직장인들이 자주 하는 푸념이다. 맞는 말이다. 회의에서 나온 의견을 반영해 일을 할 시간도 없이 다음 회의가 또 잡히는 경우도 많다. 그렇다면 회의에서 이런 상황에 대한 의견도 주고받을 수 있어야 하는데 솔직히 내 의견을 제대로 어필하기가 쉽지 않다. 회의라는 게 함께 의견을 나누고 더 나은 결론에 도달하는 과정이라기보다, 일방적으로 질책을 받거나 업무 지시만 받다 끝나는 날이 더 많지 않던가? 게다가 내 의견을 잘 들어줄 것도 아니면서 자꾸 의견을 말하라고 하는 사람도 있다.

그럼에도 불구하고 항상 준비는 되어 있어야 한다. 언제 어떻게 나에게 발언 기회가 오게 될지 모른다. 이제까지 회의다운 회의, 토론다운 토론 등을 해본 적이 없다 하더라도 나는 해당 주제에 대해 생각을 정리해두었다가 적절할 때 명확한 의견을 낼 수 있는 사람이어야 한다. 이런 기회를 매번 놓치며 "네가 그럼 그렇지. 쓸데없는 소리나 하고 있어."와 같은 평가는 듣지 말아야 할 것이 아닌가?

게다가 회사 내에서와 달리 외부 사람들과의 미팅은 상당히 중요한 자리다. 회사를 대표해 협상을 위한 의견도 낼 수 있어야 한다. 상대의 의견이 어떤 점 때문에 무리한 요구가 되는지, 어떤 이유로 지금 내가 이러한 조건을 제시하고 있는 것인지 등을 충분히 표현할 수 있어야 한다.

여기서 조금만 더 멀리 내다보자면, 회사를 벗어나 개인 사업을 하게 되거나 프리랜서가 되는 시기도 생각해보아야 한다. 그때는 정말 나 혼자다. 미팅에서 나누는 대화들이 나의 모든 일을 결정하게 만드는 순간이 되는 것이다. 싸우지 않고도 서로가 만족할 수 있는 말하기를 할 수 있어야 생존할 수 있다는 뜻이기도 하다.

불필요한 겸손은 넣어둘 것!

이런 다양한 상황에 대비해 상대의 의견을 들으면서도 나의 의견을 충분히 어필할 수 있는 다음 세 가지 말하기 방법은 효과적인 스피치를 위해 꼭 필요하다.

1. 남의 의견을 깎아내리는 부정어는 사용하지 마라

아무리 마음이 급해도 일단 깎아내리고 보자는 식의 공격은 곤란하다. 처음부터 의도하지 않았다 하더라도 상대의 의견에 대해 이렇다 할 근거 없이 반대를 해버리면 자칫 말실수로 발전하기 쉽다.

이러한 잘못된 분위기는 선거 시즌마다 후보들이 벌이는 토론에서도 자주 확인할 수 있다. 토론이란 '어떤 문제에 대해 여러 사람이 각각 의견을 말하며 논의'를 하는 것이다. 즉 나의 의견을 전달하는 데 목적을 두어야지 다른 사람의 의견을 비방하는 것으로 나의 발언을 대신하면 안 된다. 그런데 그 목적을 잃고 토론 상대를 지나치게 험담하는 쪽으로 의견을 몰고 가니, 건전한 토론이 되지 못하는 것이다.

설령 다른 사람의 의견에 커다란 모순이 있다 하더라도 심각한 비방이나 공격이 아닌 선에서 나의 생각과 의견을 전달해야 한다. 그리고 그 과정에서 경청은 필수다. 내가 하고 싶은 말만 하고 끝이 아니다. 토론에서 중요한 것은 '서로 의견을 주고받는 것'이라는 대전제만 잊지 않아도 얼마든지 건강하게 의견을 나눌 수 있지 않을까.

이미 자신의 생각을 말한 사람의 의견을 부정적으로 평가하는 말은 안 해도 된다. 대화에 임하는 나는 심사위원이 아니다. 이야기를 나누는 주제에 대해 내가 어떤 의견을 가지고 있는지, 그렇게 생각하는 근거는 무엇인지를 충실하게 밝히는 토론이 가능한 사람이 되어야 한다.

2. 먼저 숙이고 들어갈 필요는 없다

평소에 내 의견을 확실하게 말할 기회가 별로 없다 보니 자신의 생각을 밝힐 때 필요 이상으로 조심스럽게 입을 떼는 사람들이 있다. 예를 들면 이런 식이다.

"제가 경험은 별로 없지만 아는 선에서 한 말씀 드리자면……."
"이미 비슷한 이야기를 많이 들어오셨겠지만, 그래도 한 번만 더 생각해주시면 좋겠습니다."

이렇게 자신 없는 이야기를 듣고 마음이 움직이는 사람은 거의 없다. '경험이 없다면서 쓸데없이 나서기는!'이라거나

'비슷한 이야기 많이 들어온 거 알면서 왜 또 말하는 거야?'
와 같은 생각을 불러일으키기 쉽다. 겸손한 표현으로 내 의
견을 주장하려 하지 않아도 된다. 차라리 나의 단점이나 불
리한 상황을 더 당당하게 이용해도 괜찮다.

> "제가 경험이 없기 때문에 더욱 참신하고 새로운 아이디어
> 를 낼 수 있다고 생각해서 한 말씀 드리자면……."
> "비슷한 이야기가 많다는 건 정말 많은 사람들이 그 관점에
> 동의한다는 뜻입니다. 그러니 한 번만 더 생각해주시면 좋겠
> 습니다."

같은 상황인데도 표현만 살짝 바꾸니 더욱 자신감 가득한
의견처럼 느껴진다. 토론이나 미팅, 협상 등의 자리에서는
불필요한 겸손은 넣어두어도 괜찮다.

3. 거절을 두려워하지 않는다

토론이나 협상, 제안 등이 이루어지는 테이블에서는 거절
을 두려워하지 않는 마음가짐이 필수다. 나의 의견은 얼마
든지 거절당할 수 있다. 서로의 생각을 주고받는 자리니까
당연하다. 내 주장이 마음에 들지 않는 사람은 어디에나 있

다. 그렇다고 해서 이러한 거절이 무서워 말을 아끼지는 말자. 거절을 당하면서도 다음과 같은 것들을 얻을 수 있기 때문이다.

▶ 경험

이번에 이런 식으로 접근해서 거절당했으니 다음에는 다른 방식으로 접근해야겠다는 데이터가 쌓인다. 점점 효과적으로 의견을 제시하고 어필할 수 있는 방법을 찾게 된다.

▶ 정보

나의 주장이 별로였다는 건 상대가 원하는 정보가 부족했다는 뜻이기도 하다. 새로 찾아봐야 하는 자료가 무엇인지 알아보는 등 정보 수집의 기회로 삼을 수 있다.

▶ 신뢰 형성

어쨌든 내가 시도했다는 걸 아는 사람이 생긴 것이다. 나의 생각이 무엇인지 들어준 사람이 한 명이라도 있다는 게 중요하다. 아무 말도 안 했다면 그 누구도 몰랐을 테니까. 나중에라도 나의 의견에 동의하는 사람이 생기면, 혹은 생각이 바뀐 사람이 나타나면 결과가 또 어떻게 달라질지는 아무도 모른다.

누구나 한 번에 알아들을 수 있게 설명하는 법

매끄러운 설명 스피치의 핵심

유난히 날씨가 좋던 어느 날, 동네 도서관에서 빌린 책을 반납하러 가는 길에 한 수학 전문 학원에 걸린 홍보 현수막을 보았다. 거기에는 이런 말이 쓰여 있었다.

"설명하지 못하면 이해하지 못한 것이다."

모르긴 해도 "여섯 살짜리 아이에게 설명을 해줄 수 없다면 이해하지 못한 것이다If you can't explain it to a six year old, you don't understand it yourself."라는 아인슈타인의 명언을 빌려 쓴 것 같았다. 답을 맞힐 수 있게 공식을 잘 외우는 법을 알려주는 것이 아니라 누구에게든 설명할 수 있을 정도로 근본적인 이해를 시키는 학원이라는 홍보였다. 이 말이 명언인 까닭은 장르를 가리지 않고 어디에나 어울린다는 점, 오래전 이야기임에도 현재에 이르기까지 여전히 통하는 개념이라는 점일 것이다.

나도 설명 스피치 수업을 할 때면 이 명언을 적용한 실습을 한다. 어떤 내용이 적힌 종이를 나눠준 다음 그 내용을 읽게 한다. 그러고는 바로 종이를 덮고 방금 읽은 내용을 설명해보라고 한다. 읽은 지 얼마 되지 않은 내용을 제대로 이해하기란 쉽지 않다. 그래서 간단한 설명도 생각보다 어렵다. 수강생들을 골탕 먹이려는 게 아니다. 이해하지 못한 내용을 설명하는 게 얼마나 어려운 일인지를 직접 경험하게 하는 한 과정일 뿐이다.

사람들은 설명을 하는 과정에서 말이 꼬일 때마다 자신의 부족한 말하기 실력을 탓하곤 하는데 절대 그럴 필요가 없다. 가장 기본적인 출발선인 '충분한 이해'가 되지 않은 상태에서는 그 누구도 제대로 된 설명을 할 수가 없다. 생각할 시간을 벌어야 하기 때문에 불필요한 추임새인 "어"나 "음" 같은 말이 나올 수밖에 없고, 미처 정리되지 못한 말부터 뱉고 본 뒤에는 그것을 수습하는 데만도 상당한 시간을 써야 한다. 깔끔한 설명이 나올 수가 없는 것이다.

그래서 나는 수강생들의 '얼렁뚱땅 설명 스피치'가 끝나면 곧바로 그 종이에 적힌 이야기가 도대체 무엇인지 정확한 내용을 찬찬히 알려준다. 그제야 사람들은 충분히 이해하기 시작하는데, 그 이후에 다시 설명을 해보라고 하면 수강생들의 설명 스피치는 놀랄 만큼 좋아진다. 말하기 실력이 늘어서가 아니라 충분히 이해가 된 상태이기 때문이다. 이때는 단순 실수로 말을 잠시 더듬어도 쉽게 당황하지 않는다. 다음에 할 말이 바로 준비되어 있기 때문이다. 내가 이해한 말을 전하는 설명 스피치는 그렇게 연습하면 된다.

듣는 사람 중심의 세 가지 공식

매끄러운 설명 스피치를 위해서는 내가 이해한 내용을 내 머릿속에 떠도는 순서로 펼치기보다, 내 이야기를 듣는 사람이 이해하기 쉽도록 구성해야 한다. 좋은 스피치는 언제나 말하는 사람 위주가 아니라 듣는 사람 위주여야 한다.

동료나 옆 부서 사람에게 메시지를 전달해야 하거나 후배에게 업무 지시를 내려야 할 때, 윗사람에게 보고를 해야 할 때, 우리 회사의 제품을 소개하거나 고객의 문의사항에 대한 답변을 해야 할 때 등도 마찬가지다. 내가 다 아는 내용인데도 상대가 "뭐라고?" 혹은 "네?" 같은 질문을 던졌다면, 그건 말하는 사람 위주의 스피치가 되었다는 뜻이다.

다음 예문을 통해 내가 충분히 이해한 내용을 듣는 사람 역시 한 번에 이해할 수 있도록 설명하는 방법을 살펴보자. 예문에서 숫자로 표시한 부분은 뒤이어 설명할 세 가지 팁과 관련이 있다.

(오프닝) 저는 3개월 동안 8kg을 감량해 다이어트에 성공한 적이 있습니다. 혹시 '유태우 다이어트'라고 들어보셨나요? 제가 그 다이어트로 살을 뺐거든요. 비만이 모든 병의 원인 이라고 말하는 유태우 박사는 《누구나 10kg 뺄 수 있다》의 저자이기도 합니다. 유태우 박사가 제가 진행하던 〈tbs 창의 특강〉이라는 프로그램에 연사로 출연하신 적이 있었어요. 그때 알려주신 내용이 바로 '유태우 다이어트'였고, 저는 강연 내용을 그대로 실천해 3개월 만에 진짜 8kg을 뺐습니다.

(본론) 지금부터 제가 성공한 다이어트 비법인 유태우 다이어트의 핵심 ①네 가지 방법들을 하나씩 설명해드리겠습니다. ②첫째, '반만 먹는다'입니다. 유태우 다이어트의 핵심은 반식입니다. 말 그대로 내가 평소에 먹던 음식 양을 절반으로 줄이면 됩니다. 특별히 먹으면 안 되는 음식이나 꼭 챙겨 먹어야 하는 식단은 없습니다. 늘 국, 찌개를 먹어왔다면 계속 드셔도 괜찮고, 평소에 간식을 꼭 챙겨 먹었다면 그 또한 드셔도 괜찮습니다. 그저 내가 늘 먹던 양을 과감하게, 절반으로 줄이기만 하면 됩니다.

둘째, '천천히 먹는다'입니다. 이게 생각보다 어렵지 않습니다. 내가 먹던 양에서 절반이 줄면 음식이 사라지는 게 너무 아쉽고 아까워서 천천히 아껴 먹게 되거든요. 특히 회사 사람들이나 친구들과 밥을 먹게 되면 속도를 비슷하게 맞추게 되잖아요. 내가 먹을 음식 양이 적기 때문에 천천히 먹으면서 속도를 맞추게 되는 것도 있습니다.

셋째, '싱겁게 먹는다'입니다. 이것도 꽤 할 만합니다. 평소보다 먹는 양이 줄어서 어떤 음식을 먹어도 맛있는 상태가 되거든요. 편식을 하던 사람도 늘 배가 고프면 잘 안 먹던 음식도 맛있게 느껴집니다. 저 역시 나물 반찬이 그렇게 맛있는지 몰랐어요. 예전엔 쳐다보지도 않았던 시금치, 고사리, 도라지가 참 맛있다는 걸 유태우 다이어트를 하며 알게 됐습니다.

③마지막 넷째는 '물을 하루에 2리터 마신다'입니다. 원래 저는 물을 잘 마시지 않던 사람이었습니다. 방송을 하다가 화장실에 가고 싶으면 어쩌나 걱정이 됐거든요. 저는 이 수칙을 지키기 위해 출근할 때 2리터짜리 생수를 사서 퇴근할 때다 비우는 전략을 날마다 실천했습니다. 그 결과 노폐물 배출이 잘되었는지 체중 감량에 큰 효과를 봤습니다.

(클로징) '유태우 다이어트'의 마무리는 이 식습관을 계속 유지하는 것입니다. 딱 3개월이 지나잖아요? 그러면 내가 먹던 '반식'이 '온식'이 됩니다. 그 양으로도 배가 차는 온전한 양이 되는 것이죠. 저는 이 네 가지 방법을 통해 다이어트에

성공한 후 식습관과 몸무게 모두 2년 이상을 유지했습니다. 그러다 회사를 그만두고 떠난 1년간의 세계 여행 때문에 다시 8kg이 늘었어요. 여행을 하는 동안은 이 네 가지 규칙을 실천하는 게 어려웠거든요. 유태우 박사도 장례를 치르거나 장기 여행을 할 때와 같이 큰 스트레스나 일상생활에 급격한 변화가 있을 때는 '유태우 다이어트'를 무리하게 유지할 필요가 없다고 말합니다. 저는 다시 예전 체중으로 돌아왔지만 다이어트의 성공 경험이 있는 덕분에 언제든 다시 도전하면 성공할 수 있을 거란 자신감이 있습니다.

제 설명을 들으신 여러분도 다이어트에 성공하고 싶다면 꼭 한번 실천해보시길 바랍니다. 식단을 새롭게 짜지 않아도 되는 정말 간단한 다이어트 방법으로 강력히 추천합니다!

예측 가능하게, 적당한 분량으로 배분하며, 길지 않게

이 설명 스피치는 내가 수업 시간에 수강생들에게 보여주는 샘플 같은 내용이다. 실제 나의 경험담이기도 하다. 내가 효과를 본 다이어트 방법에 대하여 최대한 일목요연하게 정리한 내용을 통해, 구체적인 설명 스피치의 팁 공식을 하나씩 알아보자.

1. 넘버링 '예고제' 기억하기

설명을 할 때는 처음부터 어떤 내용에 대해 몇 가지로 설명하겠다는 식으로 예고를 하면 좋다. 그래야 내 설명을 듣는 사람들이 내용의 흐름을 잘 따라올 수 있다. '네 가지로 말한다고 했는데 지금 세 번째를 이야기하고 있으니 이제 곧 끝나겠구나' 하고 예측이 되기 때문이다. 처음부터 아무런 예고도 없이 첫째, 둘째, 셋째, 넷째, 다섯째, 여섯째 등으로 계속 설명이 이어지면 사람들은 '도대체 언제 끝나나' 하는 생각만 할 뿐, 내 이야기에 끝까지 집중하기가 쉽지 않다. 미리 어느 정도 분량의 설명이 될 것인지를 알려주는 '예고'를 한다면 듣는 사람을 배려하는 스피치가 될 수 있다.

2. 각 항목마다 설명 '배분' 잘하기

첫째, 둘째, 셋째, 넷째로 나누어 각 항목을 설명할 때는 분량의 배분이 비슷해야 한다. 첫 번째 내용이 가장 중요하다고 해서 상당한 시간을 들여 설명을 하고 둘째부터 넷째까지 짧은 설명으로 마무리를 한다면, 너무 성의 없이 스피치가 끝나는 느낌이 든다. 시간에 쫓긴다는 느낌을 줄 수도 있고, 준비가 미흡하다는 인상을 줄 수도 있다. 대체로 비슷한 비율로 설명을 구성해야 한다. 만약 비율을 비슷하게 설명하는 게 불가능하다면, 긴 내용을 전달할 때 '이게 가장 중요한 내용이기 때문에 그렇다'라는 식으로 설명을 덧붙이는 것도 좋다.

3. 가급적 '넷째'를 초과하지 않기

아무리 좋은 내용이라고 해도 길고 긴 설명을 듣는 건 너무 지루하다. 가급적이면 다섯째까지는 넘어가지 않게 내용을 구성하는 게 좋다. 좋은 스피치의 기본은 내가 얼마나 틀리지 않고 잘 말하느냐, 준비한 내용을 하나도 빠짐없이 전부 전달했느냐가 아니다. 스스로 만족할 만큼 실수가 적은 스피치였다 하더라도 듣는 사람들이 내 이야기가 제발 빨리 끝나기만을 바랐다면 좋은 결과라고 말하기 어렵다. 최대한 말하는 사람 입장이 아닌, 듣는 사람 입장에서 적당한 분량을 고려해보아야 한다. 설명할 내용이 많다면, 가장 중요한 부분만 잘 골라서 설명하는 편집도 할 수 있어야 한다.

이 세 가지 팁을 바탕으로 각자 설명 스피치 실습을 해보면 좋겠다. 번호를 매겨서 설명할 수 있는 실습 주제로는 다음과 같은 것들이 있다.

- 내가 제일 잘하는 요리 설명하기

- '썸'인지 아닌지 구분하는 법

- 쉽게 술에 취하지 않는 방법

- 나만 아는 꿀팁

이 외에도 회사 업무에 필요한 설명 등 다른 주제로도 꼭 연습해보면 좋겠다. 넘버링 예고제를 시작으로 각각의 분량을 비슷하게 설명하며 최대한 길게 끌지 않는 것이 설명 스피치의 핵심이라고 할 수 있다.

좋은 스피치의 기본은 내가 얼마나 틀리지 않고 잘 말하느냐, 준비한 내용을 하나도 빠짐없이 전부 전달했느냐가 아니다. 스스로 만족할 만큼 실수가 적은 스피치였다 하더라도 듣는 사람들이 내 이야기가 제발 빨리 끝나기만을 바랐다면 좋은 결과라고 말하기 어렵다.

발표 시간을 정확히 지키는 법

요약 스피치 연습

요약 스피치는 앞서 이야기한 설명 스피치를 보다 효과적으로 할 수 있게 도와주는 개념이다. 비교적 긴 내용을 설명하다 잠시 '정신줄'을 놓기라도 하는 순간, 원래 하려고 했던 말과 전혀 다른 이야기가 되지 않던가. 요약 스피치는 이러한 상황에서 내가 해야 할 말의 방향을 잃지 않게 도와주는 아주 중요한 역할을 한다.

또한 스피치를 할 때 말하기의 시간 계산을 빠르고 정확하게 할 수 있도록 만들어준다. 나에게 주어진 시간이 5분인지, 10분인지에 따라 어떤 말을 넣고 빼면 좋을지 바로바로 판단할 수 있게 해준다. 요약 스피치의 어떤 장치가 그 역할을 하는지 자세히 알아보자.

우선 다음 예시를 통해 요약의 사례를 먼저 살펴보려 한다.

오랜만에 친구들을 만난 자리였다. 먼저 모인 친구들끼리 식당에 둘러앉아 무슨 음식을 먹을까 고민하고 있던 순간, 한 친구가 식당에 들어서자마자 얼굴이 벌게져서는 아래의 말을 속사포처럼 내뱉기 시작했다.

"내가 별로 내키지는 않았지만 친구 부탁이라 소개팅을 했거든. 근데 전혀 내 스타일이 아닌 애가 나온 거야. 그래도 친구 입장도 있고 하니까 좋게 이야기하고 집에 가야겠다고 생각했어. 근데 상대방이 먼저 죄송하다고, 이만 가봐야겠다고 하는 거 있지? 완전 어이가 없어서, 진짜."

나는 그의 이야기를 생생하게 들었다. 그가 어떤 기분이었을지 짐작할 수 있을 정도로 분노의 열기까지 제대로 느낄 수 있었다. 내 왼쪽에 앉아 있던 그의 목소리에 섞인 거친 숨소리까지 지금도 기억이 날 정도다. 하지만 내 오른쪽에 앉아 있던 친구는 시끄러운 식당 분위기 때문에 그의 이야기가 잘 안 들렸나 보다. 나에게 "쟤가 뭐래?"라고 묻는 것으로 봐선 그가 기분이 썩 좋지 않은 것도 모르는 것 같았다. 질문을 받았기에 대답을 해주긴 해주어야겠는데, 가뜩이나 시끄러운 식당에서 구구절절 설명을 하고 싶지 않았다. 그래서 이렇게 요약해서 말해주었다.

"소개팅에서 쟤가 까려고 했는데 먼저 까였대."

처음부터 그의 설명을 잘 듣지 못했던 친구들은 내가 요약해준 말을 듣고는 다들 "아~" 하는 반응을 보였다. 한 번에 이해가 간 것이다. 소개팅 이야기는 그렇게 매듭지어졌고, 우리는 다음 이야기로 넘어갈 수 있었다.

가까운 사이의 친구들끼리 모인 자리였기에 저렇게 대답을 하긴 했지만, 요약 스피치는 원래 요약한 내용 그대로를 말하는 게 아니다. 발표를 하는 나를 위해 사전에 준비해야 하는 과정인 것이다. 내가 나에게 해주는 프리뷰, 즉 미리 해주는 스피치 정도라고 생각하면 좋겠다.

친구들과의 사적인 이야기 말고, 바로 앞 장에서 이야기한 '유태우 다이어트'에 관한 설명 스피치의 내용을 다시 한번 확인해보자(165~167페이지 참고). 그 긴 내용을 한 줄로 요약하면 어떻게 될까?

"제가 성공한 유태우 다이어트는 반만 먹고, 천천히 먹고, 싱겁게 먹고, 물을 하루 2리터 마시는 것입니다."

요약은 딱 세 가지만 기억하면 아주 쉽다. 바로 Simple, Easy, Short이다. 간단하고, 쉽고, 짧게 한 줄로 줄이기만 하면 요약 스피치가 완성된다. '유태우 다이어트'의 간단하고 쉽고 짧은 설명은 반만 먹고 천천히 먹고 싱겁게 먹고 물을 많이 마시는 게 전부다. 이 설명을 보다 풍부하게 하기 위해서 유태우 박사가 어떤 분이고 어디에서 만났으며 네 가지 방법을 실천한 이후의 지금 내 상황이 어떠한지에 대해서도 나름대로 자세히 풀었을 뿐이다.

경제 용어에서 흔히 사용하는 '정박 효과'의 개념을 생각하면 쉽다. 정박 효과란 닻을 내린 배가 잘 움직이지 못하는 현상을 의미하는데, 사람의 생각은 처음 제시된 내용을 기준으로 삼아 그 범위를 벗어나기 힘들다는 것을 빗대어 설명한 것이다.

고양이를 키우는 나는 인터넷으로 사료와 캔, 용품 등을 수시로 검색하는데 그냥 3만 원이라고 써둔 제품보다 원래 6만 원인데 50% 세일을 해서 3만 원에 판다는 제품에 더 눈길이 가곤 한다. 원래 6만 원이라고 표시한 가격이 닻의 역할을 하기 때문에 내가 생각하는 기준이 6만 원에 멈춰 있는 것이다. 흔한 마케팅 수법이라는 걸 알면서도 매번 반응하는 걸 보면 정박 효과의 위력이 있긴 한가 보다.

이러한 정박 효과를 요약 스피치에 적용해보자. 본격적인 설명을 풀어놓기 전에 내가 나를 위해 할 말의 핵심을 한 줄로 요약해놓으면 그게 곧 내 스피치의 기준이 된다. 그 이야기를 벗어나는 말을 하고 싶어도 하지 않게 되는 것이다. 어쨌거나 내가 가야 할 길이 정해져 있고, 그 지도를 명확히 알게 된 이후라서 그렇다. 한 줄로 네 가지의 핵심 방법을 간단하고 쉽고 짧게 요약해둔 다음에는 준비하지도 않은 다른 말을 하는 게 더 어렵다.

모자라지도, 넘치지도 않게

한 줄 요약이라는 지도를 바탕으로 스피치의 '시간 조절'은 얼마든지 쉽게 할 수 있다.

1. 짧은 시간이 주어졌다면

오프닝과 클로징을 대폭 줄이면 된다. '유태우 다이어트' 설명 스피치에서는 유태우 박사를 언제 어디서 만났는지에 해당하는 내용을 빼고, 세계 여행을 다녀와서 다시 살이 쪘느니 마니 하는 말을 안 해도 된다. 가장 핵심이 되는 각각의 항목에 해당하는 설명을 최대한 살리고, 오프닝과 클로징의 가벼운 내용부터 제거하면 그만이다. 만약 시간이 정말로 촉박하다면 다이어트 방법에 관한 각각의 내용도 조금씩 줄이면 된다.

2. 비교적 긴 시간이 주어졌다면

말을 더 오랫동안 해야 한다면 각각의 항목에 해당하는 내용 설명을 더 추가하면 된다. 처음 음식 양을 반으로 줄였을 때 허기를 어떻게 달랬는지, 천천히 먹기 위해 어떤 방법을 사용했는지, 싱겁게 먹었는데도 정말 맛있었던 음식은 무엇이었는지, 물을 많이 마시기 위해 괴로운 점은 없었는지 등을 말이다. 혹은 같은 경험을 해본 사람들의 사례를 더하는 것도 설명이 풍부해지면서 시간도 알차게 활용할 수 있는 팁이다.

요약 스피치는 평소에 습관처럼 자주 하면 정말 좋다. 첫마디를 끝내고부터는 이야기의 방향성이 흐트러지기 쉬운데, 이때 아주 확실한 이정표가 되어주는 덕분이다. 내가 할 말의 모든 것이 담겨 있는 강력한 한 줄은 말하는 사람을 불안하지 않게 도와주는 역할도 겸한다. 별거 아닌 것 같은 요약의 힘은 실로 놀랍다. 할 말을 미리 정리해본 사람과 일단 입을 떼고 머릿속으로 정리하면서 말하는 사람의 스피치 결과는 엄청나게 다르다.

요약 스피치 연습은 일상의 모든 것이 재료가 될 수 있다.

- 즐겨보는 드라마 줄거리 요약하기
- 최근 읽은 소설책 내용 요약하기

– 매일 보는 뉴스 기사 요약하기

– 내가 아는 동화책 줄거리 요약하기

– 흥행 중인 영화 줄거리 요약하기

– 사람들과 나눈 대화의 핵심을 한 줄로 정리하기

내가 보고, 듣고, 경험하는 것들을 내가 나에게 하는 스피치라고 생각하고 한 줄 요약을 수시로 할 수 있다면 어떤 설명도 잘하는 사람이 될 수 있다.

본격적인 설명을 풀어놓기 전에 내가
나를 위해 할 말의 핵심을 한 줄로
요약해놓으면 그게 곧 내 스피치의
기준이 된다. 그 이야기를 벗어나는
말을 하고 싶어도 하지 않게 되는
것이다. 어쨌거나 내가 가야 할 길이
정해져 있고, 그 지도를 명확히 알게
된 이후라서 그렇다.

서둘러 말하다 고꾸라진다

대화의 전체를 보는 눈

정기적으로 열리는 고양이 박람회에 갔다가 뽑기에 응모할 기회가 있었다. 흰색 공이 나오면 꽝이고 검은색 공이 나오면 당첨이었다. 당첨은 약 40%의 확률이라고 했다. 당첨된 사람은 엄청나게 저렴한 가격으로 고양이 밥그릇을 가져갈 수 있었다. 정말 거저 갖는 것과 다름없는 기회였다. 그 밥그릇은 돈을 주고도 사기 어려울 정도로 엄청난 인기를 자랑하는 데다 앞으로 언제 또 살 수 있을지 기약할 수 없는 상황이었다. 그 제품을 만드는 사람이 제작을 무기한 연기했기 때문이다.

나와 남편은 1번과 2번 순서로 나란히 뽑기에 참여했다. 너무 갖고 싶었던 터라 밤잠을 설칠 정도였던 나는 간절한 마음으로 뽑기 주머니에 손을 넣었다. 공 하나를 쥐었다가 혹시나 싶어 다른 공으로 바꾸었다. 떨리는 마음으로 주머니에서 손을 꺼냈다. 꼭 쥔 주먹을 조금씩 펼치던 나는 '아⋯⋯!' 하는 탄식이 절로 나왔다. 꽝이었기 때문이다. 하지만 기회는 한 번 더 있었다. 남편이 검은색 공을 뽑는다면! 남편도 적잖이 기대를 했는지, 자신의 손에 들려 있던 흰색 공을 보는 순간 나와 같은 탄식을 내뱉었다. 둘 다 꽝이었다.

아쉬운 마음에 발길이 떨어지질 않았다. 게다가 우리 다음으로 참여한 사람이 검은색 공을 뽑은 게 아닌가! 그녀의 환호성을 들으며 나는 더욱 아쉬운 마음이 들었다. 그때 남편이 말했다.

"1, 2번인 게 좀 불안하긴 했어. 중간 정도였으면 다른 사람들이 뽑는 공도 보면서 관찰할 시간이 있었을 텐데. 이건 처음으로 하니까 전략을 짤 수가 없잖아!"

"복불복 뽑기인데 전략이랄 게 있나?"

"아니야. 뽑힌 사람들 공을 보니까 조금 더 작아. 나는 큰 게 좋은 줄 알고 주머니 속에서 큰 공을 집었단 말이야."

말을 듣고 보니, 정말 그랬다. 검은색 공이 흰색 공보다 조금 더 작았다. 주머니 속에서 크기를 비교하며 공을 골랐다면, 당첨될 확률이 더욱 높았을 것이다. 아무런 전략도 대비하지 못했던 몇 분 전의 시간이 두고두고 아쉬웠던 순간이었다.

나에게 유리한 흐름을 만드는 말

서두르다가 낭패를 겪는 상황은 말하기에서 더욱 치명적이다. 특히 앞에서 말한 토론이나 협상, 제안을 할 때는 단순히 나의 의견만 말하는 것에서 그치는 게 아니라 상대가 내 의견에 동의하게 만들어야 하지 않던가. 그 어느 때보다 전략적인 접근이 필요하다는 뜻이다. 불필요한 말실수도 조심해야 한다.

그 시작의 첫 단계는 전략 없이 성급하게 먼저 나서지 않는 것, 서둘러 말하지 않는 것이다. 내가 잘 알고 있는 이야기를 할 때도 마찬가지다. 내가 잘 알고 있다는 걸 표현하고 싶어 엉덩이가 들썩여도 잠시 참을 수 있어야 한다. 때로는 상대에게 먼저 발언할 기회를 주고, 그 의견을 바탕으로 질문할 수 있는 여유를 갖는 게 유리한 경우가 있다. 괜히 급한 마음에 입부터 열었다간 상대의 페이스에 말려들기 쉽다.

서둘러 말하다 넘어지는 결과를 보지 않으려면 일단 관망할 줄 알아야 한다. 참지 못하고 제일 먼저 말을 꺼냈다간, 내 패를 가장 먼저 드러낸 사람이 되고 만다. 패가 읽혔다는 것은 여러 사람으로부터 먹잇감이 될 수 있다는 뜻이기도 하다. 나의 발언에 사람들은 반대의 말들을 쏟아낼 것이다.

그때부터 내가 해야 할 말은 논리가 차곡차곡 탄탄하게 쌓인 말이 아닌, 상대의 반박을 받아치기에 급급해지는 말이 될 수 있다. 내가 한 말은 그런 게 아니라고 변명하기 시작하면 머지않아 참패의 시간을 맞게 된다.

미국의 비즈니스 커뮤니케이션 전문가인 샘 혼Sam Horn은 자신의 저서 《적을 만들지 않는 대화법》을 통해 "인간의 뇌는 부정형을 모른다."라고 말한 바 있다. 사람의 뇌는 말한 내용을 그대로 받아들일 뿐, 반대되는 모습을 그려내지 못한다는 것이다. 예를 들어 바닐라 아이스크림 위로 맛있는 초콜릿 시럽이 흘러내리는 상상을 하지 말라고 말하면, 그 장면을 떠올릴 수밖에 없다. 사람의 뇌는 하지 말라는 말을 정말 모르기 때문이다.

자신이 한 부정적인 말 때문에 입지가 더욱 좁아졌던 미국의 전 대통령, 리처드 닉슨Richard Nixon의 일화는 유명하다. 뇌물 수수 의혹을 받을 때 TV 연설을 통해 "전 사기꾼이 아닙니다."라는 반박의 표현을 사용함으로써 오히려 사기꾼의 이미지를 얻게 되었다.

서둘러 말하는 사람치고 대화의 전체를 보는 눈을 가진 경우는 많지 않다. 성급하게 먼저 말을 꺼내서 상대로 하여금 나에게 곤란한 말을 할 기회를 줄 필요는 없다. 그 말에 아니라는 반박을 함으로써 스스로를 어렵게 만들기 때문이다.

만약 어쩔 수 없이 반박을 해야 한다면 부정적인 말을 긍정적인 말로 바꿔 말해보자. 수영 코치가 연습하는 선수들에게 "너무 빨리 헤엄치지 마!"라고 말하는 대신 "좀 더 천천히 헤엄쳐!"라고 말하는 것처럼 말이다.

급한 마음은 논리를 약화시키고 감정적인 말을 하게 만드는 원인이 된다. 그리고 그 원인으로 나의 말은 아무런 힘도 얻지 못한다. 중요한 대화를 나누는 테이블에서는 무엇보다 조급한 마음을 가라앉히는 일부터 시작하자. 첫째도 여유, 둘째도 여유를 생각하며 나에게 유리한 흐름을 관찰할 수 있어야 한다.

갑자기 침묵이 흐를 때 압박감 다루는 법

침묵도 메시지가 된다

2001년 케이블 방송의 한 경제 채널에서 전국적으로 유명한 방송 사고가 난 적이 있었다. 진행자와 전문가가 국가의 경제 상황에 대한 이야기를 하던 도중 스튜디오로 파리가 날아왔고, 두 사람이 순간적으로 웃음을 참지 못해 말을 잇지 못했던 상황이 꽤 오랫동안 지속된 것이었다. 방송 멘트 대신 웃음을 참는 침묵이 이어지면서 많은 사람들에게 회자될 정도로 큰 방송 사고였다.

방송 사고 중에는 여러 가지가 있지만, 아무런 소리가 나지 않는 공백도 사고에 해당된다. 특히 라디오 방송에서는 3초 이상의 묵음이 지속되면 방송 사고로 간주한다. 그래서 DJ는 끊임없이 말을 해야 한다는 책임감을 강하게 느끼곤 한다.

그런데 이러한 침묵에 대한 부담은 심리상담사에게도 똑같이 적용되는 모양이다. 상담을 공부하는 사람에게 '대화가 끊기고 침묵이 생겼다고 아무 말이나 해서는 안 된다'고 가르치기 때문이다. 그러면서 침묵에는 다양한 의미를 담고 있다고 알려준다. 그 의미는 바로 '휴식, 안심, 탐색, 저항' 등이다.

말을 멈춘 동안은 잠시 쉬어가는 휴식이 될 수도 있고, 서로 말을 하지 않아도 괜찮은 안심의 상태가 될 수도 있다. 그런가 하면 때로는 상대의 말을 다시 한 번 곱씹어보는 시간을 통해 깊이 있는 탐색을 할 수도 있다. 언어적인 정보 외의 행동이나 습관 등 비언어적인 관찰을 하는 탐색 역시 침묵을 통해 가능하다. 또한 동의하지 않는 의견에는 침묵으로 불만을 표시할 수도 있다.

정말 중요한 말을 하기 직전

그러고 보면 침묵은 생각보다 다양한 역할을 한다. 아무 말도 오가지 않는 어색한 상황이라고만 해석하지 않아도 되는 것이다.

이러한 침묵의 의미를 공식적인 말하기에도 적용해볼 수 있다. 말을 하다가 갑자기 침묵이 흐를 때가 있는데, 이때 대부분의 발표자는 무슨 말이라도 해야 한다는 압박감을 갖는다. 자신을 향한 사람들의 눈동자를 보며 허둥대다 말문이

막혀버리기도 한다. 그렇게 침묵은 더 길어지고 발표를 망치게 되기도 하는데 이제부터는 침묵을 하나의 메시지가 되게끔 활용해볼 수 있으면 좋겠다.

1. 집중

떠드는 아이들을 조용하게 만드는 손쉬운 비결이 무엇인지 아는가? 바로 아이들이 조용해질 때까지 아무런 말도 하지 않고 기다리는 것이다. 조용히 하라고 소리를 치는 것으로는 효과가 약하다. 계속 떠드는 아이들을 쳐다보면서 기다리면 시선을 느낀 아이들이 하나둘씩 자연스럽게 조용해진다.

공식적인 말하기에서도 이러한 침묵의 집중 효과를 적극 활용해보자. 청중에게 끊임없이 이야기를 하는 것으로는 처음부터 끝까지 집중력을 100% 얻기가 쉽지 않다. 집중해달라고 하소연하는 것도 모양새가 좋지는 않다.

중요한 말을 반복해서 하는 대신, 정말 중요한 말을 하기 직전에 잠시 침묵을 유지해보자. 사람들은 침묵을 이상하게 느끼면서 말하는 사람의 입에 주목하게 될 것이다. 왜 말을 하지 않는지 의아해하면서. 바로 그때 가장 중요하다고 생각하는 핵심을 발하면 된다. 침묵을 활용해 사람들이 충분히 집중력을 기울이는 순간을 만드는 방법이다.

2. 생각할 시간

밥을 먹는 데에도 소화할 시간이 필요하듯이, 중요한 말에도 이해할 시간이 필요하다. 말하는 사람은 자신이 준비한 내용을 전부 이해한 채 말하느라 침묵이 없어도 괜찮겠지만, 이야기를 듣는 사람 입장에서는 발표자의 말을 생각할 시간이 필요하다.

중요한 말이라고 하면서 후다닥 다음 이야기로 넘어가면 그 말이 생각조차 나지 않는다. 핵심 메시지를 전한 다음에는 그 내용에 대해 생각해볼 수 있도록 잠시 침묵의 시간을 가져도 좋다.

제가 지금 정말 중요한 말씀을 드린 거거든요. 지금부터 1분 동안의 시간을 드릴 테니, 그 시간 동안 제가 드린 말씀을 자신의 상황에 대입해서 한번 생각해보시길 바랍니다.

발표자의 말이 이야기를 듣는 사람에게 충분히 전달되었느냐는 정말 중요하다. 충분히 전달되기 위해서는 청중을 위해 잠시 멈춤의 시간도 줄 수 있어야 한다. 그 시간은 잠시 말을 멈춘 '침묵'으로 만들 수 있다.

"말해야 할 때를 아는 사람은 침묵해야 할 때도 안다." 고대 그리스의 수학자이자 물리학자였던 아르키메데스 Archimedes의 말이다. 미국의 소설가 펄 벅Pearl S. Buck은 "침묵은 그 어떤 노래보다 더 음악적이다."라는 말을 하기도 했다. 말이나 노래처럼 침묵 역시 같은 무게의, 혹은 그 이상의 메시지를 담고 있다고 해석해도 좋은 말이 아닐까 싶다.

이제껏 침묵을 두려운 시간으로 생각해왔다면, 앞으로는 침묵의 새로운 면을 활용해도 좋겠다. 침묵은 얼마든지 또 다른 메시지가 될 수 있기 때문이다.

말만 잘하는 사람은
공감 잘하는 사람을 못 이긴다
반드시 갖춰야 할 미덕, 소통 능력

앞서 말하기의 상호 작용과 관련해 '소통'이라는 단어가 몇 번 등장했다. 이제는 너무 자주 들어서 익숙하다 못해 때로는 지겹게 느껴지기까지 하는 소통이란 게 도대체 무엇일까?

SNS를 활발히 하는 연예인을 두고 '소통을 잘하는 연예인'이라고 한다. 그런데 나는 잘 모르겠다. 자신의 일상을 자주 노출하는 게 과연 소통일까? 매일 새로운 글이 숱하게 올라와 가입자들의 소통이 활발하다고 자랑하는 인터넷 카페도 다소 의아한 부분이 있다. 내가 자주 방문하는 한 인터넷 카페에는 다음과 같은 글이 자주 올라온다.

"(고민 중) 사라, 사지 마라 해주세요."

"(야식 고민) 먹어라, 먹지 마라 해주세요."

이런 글을 정말 소통이라고 말할 수 있을까? 나는 소통이 아니라 '결정 떠넘기기'라는 생각이 든다. 무슨 말이든 다 하는 게 소통이 아니다. 소통의 진짜 뜻은 '막히지 아니하고 잘

통함, 뜻이 서로 통하여 오해가 없음'이다. 나의 일상을 남들에게 노출하고, 나의 사소한 고민을 다른 사람들에게 일일이 물어보는 게 소통이 아니라는 뜻이다.

어쩌면 말하기가 여전히 어렵고 익숙하지 않은 것은 말하기의 기본이 되어야 할 소통이 아직도 애매하게 다가오기 때문이 아닐까 싶다. 회사의 윗사람이라면 누구나 좋아한다는 '소통', 강연의 소재로 식을 줄 모르는 인기를 자랑하는 '소통'이 그렇게 여기저기 흔하게 널려 있음에도 우리는 여전히 소통에 대해 오해하고 있는 것 같다. 그래서 말하기의 기본인 상호 작용이 제대로 이뤄지기 힘들고, 말을 하면서도 내 말을 들어주는 사람과의 교감이 어렵다.

진짜 소통 VS 가짜 소통

그렇다면 말 잘하는 사람, 많은 청중으로부터 호응을 이끌어내는 스피치를 하는 사람은 소통의 측면에서 어떤 강점을 보일까?

1. 확신

나부터 확신할 수 있는 이야기를 해야 한다. 어떤 물건을 사야 할지, 말아야 할지 모르겠고 야식을 먹어야 할지, 말아야 할지 모르는 사람의 말에는 힘이 없다. 말하는 사람도 모르는 이야기를 정성껏 들어줄 청자는 없다.

말하기에서는 어디까지나 나의 결정이 계속되어야 한다. 어떤 말을 해야 할지 선택해야 하고, 어떤 말을 어디에 배치해야 할지 결정해야 하기 때문이다. 남의 말을 대신 전하는 게 아니라면 말이다. 이러한 말하기가 되려면 확신에 찬 내용이 있어야 한다.

JTBC의 강연 프로그램 〈차이나는 클라스-질문 있습니다〉를 보면 쉽게 이해가 갈 것이다. 강연자로 출연하는 사람들은 각 회에 해당하는 주제의 전문가들이다. 그들은 자신의 전문 분야에 관한 이야기를 정확히 전달한다. 오랫동안 공부해왔던, 수십 년간 일하며 경력이 쌓인 분야에 대해 이야기를 하는 것이다. 당연히 우물쭈물하거나 망설이는 분위기가 섞일 수 없다. 연예인들은 전문가의 이야기를 들으며 궁금한 점을 질문하고, 강연자는 명쾌한 답변을 내놓는다. 소통이 이뤄지는 말하기의 현장인 셈이다.

전문가가 아니어도 이러한 말하기는 얼마든지 할 수 있다. 내가 직접 겪으며 깨달은 이야기나 개인적으로 연구하거나 공부해온 내용 역시 자신 있게 말할 수 있는 내용이 될 수 있다. 말하는 사람이 확신이 없으면 그건 공식적인 이야기로서의 가치가 없다고 봐야 한다.

간혹 너무 떨려서 말을 잘 못하겠다고 하는 사람들이 있는데, 아무리 떨려도 해야 할 말이 확실히 있다면 대부분의 사람은 끝까지 말을 할 수 있다. 떨려서가 아니라 내가 하고자 하는 이야기에 대한 확신이 없어서 말을 못하는 건 아닌지 한 번쯤 점검해볼 필요가 있다. 내가 하는 말에 청중의 반응이 미지근하면서 소통이 제대로 이뤄지지 않는 걸 개인의 말하기 역량 탓으로 너무 쉽게 돌리지 말았으면 한다.

2. 화두

사람들과 적극적인 소통을 하는 사람들은 화두를 잘 던진다. '관심을 두어 중요하게 생각하거나 이야기할 만한 것'이야말로 소통에서 정말 중요한 요소를 차지한다.

지난 2016년 10월에 출간되어 큰 화제를 불러일으킨 소설 《82년생 김지영》은 사람들에게 의미 있는 화두를 던졌다. 누군가는 남녀 차별을, 누군가는 페미니즘을, 누군가는 불편했던 추억을 상기하며 너도나도 꼭꼭 숨겨두었던 자신의 이야기를 쏟아냈다.

맛 칼럼니스트 황교익 씨는 지난 2018년에 "혼밥은 자폐"라는 말을 하며 많은 사람들 사이에 논쟁을 일으켰다. 어떤 사람들은 '그 말이 맞다, 요즘 사람들은 너무 교류하지 않는다, 한솥밥을 먹는다는 말이 괜히 생긴 게 아니다' 등의 의견을 내놓았다. 그의 의견에 동의하지 않는 사람들 사이에서도 '혼밥은 하나의 트렌드일 뿐이다, 바쁜 현대 사회의 시간을 제대로 이해하지 못한다, 편해서 혼자 먹는 사람을 자폐로 몰아가는 것은 지나친 비약이다' 등 의견이 분분했다.

2019년 10월에 개봉한 영화 〈조커〉는 하층민이 아무리 노력해도 잘살 수 없는 계급 사회의 불평등에 관한 화두를 꺼내들었다. 빈익빈 부익부가 점점 극대화되고 있는 요즘, 단순한 불평보다 문제점에 대한 이야기를 더 쉽게 꺼낼 수 있는 판을 마련한 것은 아닐까?

나는 이런 게 진짜 소통이 될 수 있다고 생각한다. 많은 사람들이 자신의 생각을 말할 수 있는 이야기, 팽팽하게 의견이 나뉘어 한 번쯤 고민해볼 여지가 있는 이야기야말로 소통을 가능하게 하는 말하기의 주제가 될 수 있으니까.

이런 말은 문제가 될 것 같으니까 빼고, 저런 말은 사람들이 싫어할 것 같으니까 빼버리는 식의 자기 검열은 이도 저도 아닌 말하기를 만든다. 착한 이야기로만 가득 채우면 감동이 넘칠 거라 생각하겠지만, 오히려 지루하고 밋밋해지기만 할 뿐이다.

그렇다고 논란이 되는 말하기를 해야 한다는 뜻은 아니다. 그저 사람들이 자유롭게 의견을 주고받을 수 있는 주제, 혹은 평소에 잘 생각해보지 않았지만 한 번쯤 고민해보면 좋을 이야기가 소통을 활발히 만든다는 뜻이다.

3. 호흡

무엇보다 소통에서 가장 중요한 것은 호흡이다. 아무리 좋은 화두를 던지고 확신에 찬 이야기를 자신 있게 전했다 하더라도 사람들의 반응이 묵묵부답이면 곤란하다. "나는 할 말 다 했으니까 이제는 너희들끼리 알아서 해."와 같은 식의 화법은 사장님 하나면 족하다(솔직히 이런 사장님도 더 이상 원하지는 않지만).

사실 우리는 말하는 사람의 일방적인 전달 방식에 너무 오랫동안 지쳐왔다. 이제는 이야기 듣기의 단순 역할에서 벗어나, 그 이야기를 듣고 생각난 말을 하고 싶을 때가 많다. 그 기회를 주는 사람, 그 말을 듣고 대답을 해주는 사람이야말로 진정한 소통을 하는 사람이 아닐까 싶다.

말을 잘하는 것에서 더 나아가 소통을 잘하는 사람이 되고 싶다면, 내 말이 다 맞고 내 말이 제일 중요하다는 생각에서 벗어나야 한다. 청중의 의견도 귀담아듣고, 정말 맞는 말이거나 반대 의견도 수용할 수 있는 태도가 소통의 다른 말이 될 수 있다. 이건 머리로는 쉽게 이해해도 간단하게 행동으로 옮겨지지 않는다.

평소 내가 하는 말을 떠올려보자. "아니, 그게 아니고요." 혹은 "에이, 그게 아니죠."와 같은 말부터 나간다면 소통과 거리가 멀다고 봐야 한다. "그런가요?"나 "그렇게도 생각할 수 있겠네요."라는 말이 단번에 나올 수 있도록 노력해야 한다. 이러한 호흡을 말하기에서 보여줄 수 있다면 소통에 대해서는 더 이상 고민할 필요가 없을 것이다.

간혹 너무 떨려서 말을 잘 못하겠다고
하는 사람들이 있는데, 아무리 떨려도
해야 할 말이 확실히 있다면 대부분의
사람은 끝까지 말을 할 수 있다.
떨려서가 아니라 내가 하고자 하는
이야기에 대한 확신이 없어서 말을
못하는 건 아닌지 한 번쯤 점검해볼
필요가 있다.

Step 4

마무리가 약하면
지는 것이다

드디어 끝마디까지 넘어왔다면 이제 진짜 마지막이다. 시작만 좋고 끝이 좋지 않은 용두사미가 되지 않기 위해서 끝까지 마무리를 잘해야 한다. 내가 마지막에 하는 말로 사람들은 스피치의 전체적인 인상을 기억할 수도 있다.

단순히 내 스피치의 인상만을 말하는 것이 아니다. 적어도 내가 처음부터 끝까지 무슨 말을 했는지는 제대로 전달해야 하지 않겠는가? 그러기 위해서는 마지막까지 핵심과 주제에서 벗어나지 않는 말하기가 되어야 한다. 드디어 끝이라고 생각하며 긴장을 늦추는 순간, 첫마디부터 애써온 노력이 사라져버린다. 준비한 말을 마무리하는 순간까지 집중력을 잃지 말아야 한다. 간혹 블로그에 쓴 글을 이렇게 마무리하는 사람들이 있다.

"할 말을 다 했는데 마무리를 어떻게 해야 할지 모르겠네요. 그냥 인사하고 마무리할게요! 감사합니다."

말하기도 마찬가지다. 어떻게 마무리를 하면 좋을지 생각이 안 나는 순간 갑자기 당황하며 전에 없던 실수를 남발하는 사람도 있다. 끝마디라고 해서 꼭 거창하거나 멋있어야 하는 건 아니다. 하지만 마무리가 제대로 되지 않는다고 갑자기 말을 끊어버리거나, 말을 끊지 않고 계속 헤매는 것은 최악이다. Step 4의 팁들을 참고하여 간결하고 확실한 스피치의 마무리를 연습해보자.

"그러니까 하고 싶은 말이 뭐야?"라는 말은 더는 듣지 않겠어

핵심 한 문장을 정하는 연습

긴장했던 첫마디를 지나 말하기에 살짝 익숙해진 단계를 거쳐, 스스로의 이야기에 심취하기 쉬운 후반부쯤 가까워지면 하고자 하는 말에서 샛길로 빠지게 되는 경우가 간혹 발생한다. 말을 하는 사람은 쉬지 않고 계속 스피치를 이어가고 있는데 듣는 사람들은 엄청 괴로워지는 순간이다. 샛길에서 하는 이야기의 대부분은 영양가도 없고 핵심에서도 벗어나는 내용이 많기 때문이다.

사실 말을 하는 사람도 말을 하고 있기는 하지만, 도대체 자신이 무슨 말을 하고 있는지 잘 모를 때도 있다. 나중에 스피치가 끝나고 왜 그런 말을 했느냐고 물으면 "내가 그런 말을 했어?"라고 되묻는 사람도 있다. 이 얼마나 어이없는 상황이란 말인가.

핵심으로 직진하기 위해 필요한 것들

말을 하는 사람도, 말을 듣는 사람도 모두가 지치기 쉬운 단계에 이르러 가장 중요한 건 자연스럽게 결론으로 넘어가는 일이다. 이제 결론만 말하면 되는데, 그 앞에서 쓸데없이 제자리에서만 맴도는 일은 없어야 한다.

1. 최대한 짧게 표현하기

가장 간단한 방법이다. 짧게 말할 수 있는 내용을 비효율적으로 길게 말하는 일은 없어야 한다. 누가 힘들게 일부러 길게 말하느냐고 묻고 싶은가? 공식적인 말하기에서 길게 말하면 더 있어 보인다고 생각하는 사람도 있다.

아나운서들은 방송 전 대본을 받으면 제일 먼저 하는 일이 원고 수정이다. 자신의 입에 맞게 자연스러운 말투로 고치는 건 기본이고, 불필요하게 긴 말을 최대한 간결하게 줄이는 수정을 한다.

임 차관은 한 방송을 통해 이번 세제 개편안에 대해
→ 임 차관은 한 방송에서 이번 세제 개편안에 대해

최근 집중호우로 조업이 부진함에 따라

→ 최근 집중호우로 조업이 부진해

내년 상반기부터 원산지 표시가 의무화됩니다.

→ 내년 상반기부터 원산지를 표시해야 합니다.

해고된 경찰은 복직을 요구하고 있다고 언론은 전했습니다.

→ 해고된 경찰은 복직을 요구하고 있습니다.

과장 광고가 많이 이뤄지고 있는 것으로 나타났습니다.

→ 광고가 많이 과장된 것으로 나타났습니다.

방안이 검토되고 있는 것으로 알려졌습니다.

→ 방안을 검토 중입니다.

큰 도움이 될 것으로 기대를 모으고 있습니다.

→ 큰 도움이 될 전망입니다.

사전 조사의 예측은 틀리지 않았습니다.

→ 사전 조사의 예측이 맞았습니다.

뉴스 기사 몇 개만 검색해도 이렇게 줄일 수 있는 말들이 많다. 더 쉽게, 더 짧게 말할수록 좋은 말하기가 된다. 평소에 뉴스를 읽을 때 간결하게 줄여보는 연습을 하는 것도 괜찮은 방법이다.

2. 애드리브 자제하기

결론으로 넘어가기 전, 갑자기 하고 싶은 말이 떠올랐다면 그 말을 하는 게 좋을까, 그냥 넘어가는 게 좋을까?

솔직히 말하면 이 상황에서 무엇이 정답인지 알 수 없다. 그때 떠오른 말을 해서 더욱 인상 깊은 스피치가 될 수도 있고, 즉흥적인 이야기를 늘어놓은 까닭에 괜히 옆길로 샌 이야기가 되어 전체를 망쳐버릴 수도 있다.

만약 실전에서 스피치를 하다가 머릿속을 스치는 좋은 이야기가 생각났다면, 지금 내가 말하고 있는 진도가 어디쯤인지를 먼저 떠올려보자. 이제 막 결론으로 넘어가기 직전이라면 가급적 애드리브를 자제하는 것도 괜찮다. 결론에 다다른 시점은 이미 너무 많은 이야기를 쏟아낸 다음일 것이다. 그런데 그 자리에 또 새로운 이야기를 시작해버리면 스피치가 한없이 늘어지기 쉽다.

게다가 즉흥적인 이야기가 생각했던 것처럼 조리 있게 표현되지 않을 수도 있다.

"갑자기 생각난 이야긴데요. 제가 지난주에 A프로젝트에서 아주 중요한 걸 발견했거든요. 아, 지난주가 아니라 이번 주 월요일이구나. 네, 지난 월요일에요. 제가 A프로젝트라고 말씀드렸죠? 그 A프로젝트가요, 어떤 거냐면요……."

결론을 눈앞에 두고 이렇게 횡설수설하는 이야기가 펼쳐진다고 생각해보라. 이 얼마나 아찔한 상황인가. 물론 매끄럽고 자연스럽게 애드리브를 할 수도 있다. 하지만 정말 꼭 하고 싶은 이야기라 할지라도 스피치의 시간 안배와 균형을 생각한다면 일단 결론으로 넘어가는 게 맞다.

아무리 좋은 이야기도 무한정 길어지는 시간 앞에서는 결코 좋은 이야기가 되지 못한다. 어설픈 애드리브로 적절한 균형을 맞춘 기승전결의 흐름을 깨지는 말아야 한다.

3. 첫째도, 둘째도 핵심 한 문장

결론으로 넘어가기 전에 길을 잃는다는 건 나의 말하기 핵심을 잠시 잊었다는 뜻이기도 하다. 이미 172페이지에서 알아본 '요약 스피치'를 기억한다면, 쉽게 길을 잃지 않을 수 있다. 스피치를 시작하기 전부터 내가 오늘 이야기할 단 하나의 핵심을 명심하고, 그 핵심을 말하기가 끝날 때까지 계속 머릿속에 담아두기만 하면 된다. 그러면 그 핵심에서 벗어나는 이야기를 하는 게 더 어렵게 느껴질 것이다. 한 줄로 요약한 핵심이 바로 나의 말하기 지도의 모든 것이기 때문이다.

좋은 말을 많이 한다고 무조건 좋은 스피치가 되는 것은 아니다. 핵심만 잘 짚으며 이야기의 흐름에서 벗어나지 않아야 좋은 말하기라고 할 수 있다. 이것이 바로 말을 하는 동안에도 핵심을 점검하는 일이 필요한 이유다.

끝날 때까지는 끝난 게 아니다

목소리나 말투를 얼버무리지 않는 연습

KBS에서 방영된 〈동백꽃 필 무렵〉이란 드라마 속 주인공 동백이는 주위 사람들의 눈치를 많이 보느라 말끝을 흐리는 말투를 구사했다. 그녀를 자기 남편의 애인으로 오해한 이혼 전문 변호사는 동백이에게 이런 말을 했다.

"근데 그, 말끝을 맺을 줄 몰라요? (중략) 되게 귀엽다고 생각하나 봐."

심리학에서는 불안을 통제하는 방식으로 '자기방어기제'라는 개념을 이야기한다. 스스로를 보호하기 위해 자기방어 전략을 사용하는 것인데, 여러 전략 중 하나가 바로 '퇴행'이다. 퇴행은 안전하고 즐거웠던 어린 시절로 돌아가 미숙한 행동을 함으로써 불안을 잠재우는 방법이다.

누가 봐도 어린이처럼 말하는 다 큰 성인들이 간혹 있지 않던가. 동백이처럼 말끝을 흐리면서 남들이 오해하기 딱 좋게 어린아이처럼 말하는 것도 일종의 퇴행이 아닐까 싶다.

어쩌면 이런 말투에 나를 어린이처럼 바라봐주었으면, 그래서 내가 하는 실수도 귀엽게 봐주었으면 하는 마음이 무의식적으로 반영되었을지도 모른다.

실제로 말하기를 부담스러워하는 사람들을 대상으로 지난 몇 년간 말하기 수업을 진행하며 발견한 하나의 공통점이 있다. 그건 바로 끝마디쯤에 이르러서 갑자기 말하기 실력을 다 깎아먹는 퇴행의 단계로 접어든다는 것이다. 초등학생이 국어책을 읽듯이 어색하게 말하거나, 동백이처럼 말끝을 쑥스러워하면서 먹어버리거나, 자기도 모르게 혓바닥을 내밀고 웃어버리는 등 어이없는 실수를 하곤 한다.

이제 거의 다 온 것은 맞는데, 그렇다고 다 끝났다고 생각해버리면 곤란하다. 마지막 인사를 하고 박수를 받기 전까지는 끝난 게 아니다. 기껏 앞에서 잘해놓고는 뒤에서 허무하게 점수를 깎아먹는 식이 되어버리면 안 된다.

잘하다가 마지막에 저지르기 쉬운 네 가지 실수

끝마디를 확실히 마무리하지 못해 좋은 스피치를 망치지 않기 위해서는 마지막에 저지르기 쉬운 실수를 조심해야 한다. 특히 유의할 만한 다음 사항들을 참고하여 실수 때문에 아쉬움이 가득한 스피치가 되지 않도록 하자.

1. 말 속도가 빨라지지 않게 하라

처음은 괜찮은데 말이 끝날수록 점점 말 속도가 빨라지면서 끝마디를 휙 마무리하지 않도록 해야 한다. 앞에서는 해야 할 말을 생각하느라 비교적 천천히 또박또박 말해왔는데 마지막 서술어는 생각이 필요 없는 구간이어서인지 '생각합니다', '말하고 싶습니다', '……라고 결정했습니다'와 같은 말을 잘 들리지도 않을 정도로 빨리 해버리는 식이다.

이럴 경우 서술어에 해당하는 끝마디가 제대로 들리지 않으면 무슨 말인지 알아듣기도 어렵고, 무엇보다 성의 없는 말하기처럼 느껴져 스피치가 이상하게 끝나버린다. 정말로 대충 말하고 끝내버리고 싶은 마음이 아니라면, 처음 시작할 때의 말 속도와 마지막 서술어의 마침표를 찍는 순간까지의 말 속도는 비슷하게 유지되어야 한다. 이는 어느 정도 정성이 필요한 일이기도 하다. 마지막까지 내가 하는 말에 최대한 집중해야 하기 때문이다. 그 정성이 끝마디까지 내 말에 힘을 실어준다는 걸 잊지 말아야 한다.

2. 목소리가 점점 작아지지 않게 하라

말의 속도가 점점 빨라지는 것과 비슷하게, 말을 하면 할수록 점점 목소리가 작아지는 경우도 있다. 일단 시작할 때는 어떻게든 힘을 내서 말을 하는데, 뒤로 갈수록 그 힘이 빠지면서 풍선에서 바람이 빠지듯 목소리의 크기도 줄어드는 것이다. 만약 말 속도도 빨라지는데 목소리까지 작아진다면? 그 스피치의 끝마디는 완전 실패다. 적어도 무슨 말인지는 수월하게 알아들을 수 있어야 하지 않겠는가.

내가 처음 말하기 시작한 데시벨과 마침표를 찍을 때까지의 데시벨은 비슷하게 유지되어야 한다. 아무리 극복해보려해도 계속 부끄럽고 아무리 힘을 내려고 해도 계속 힘이 빠지는 건 오직 나의 문제다. 청중은 그러한 사정을 속속들이 알지도 못할뿐더러 이해해줄 이유도 없다. '생각합니다', '말하고 싶습니다', '……라고 결정했습니다' 등의 서술어를 속삭이면서 끝내는 스피치가 좋았다고 평가해줄 사람은 아무도 없다. 앞에서 아무리 좋은 이야기를 했어도 점수를 다 깎아먹기에 충분하다.

3. 혼자서 어이없이 웃지 마라

재미있는 이야기를 잘하는 사람들은 대체로 웃지 않고 말한다. 천연덕스러울 정도로 무표정인 상태인데, 그래서 더욱 재미가 극대화된다. 말하는 사람이 먼저 웃음이 터진 상태에서 하는 말은 하나도 재미없다. 혼자서 웃는 것만큼 썰렁한 분위기를 만드는 것도 없다.

그런데 간혹 웃기지도 않은 상황에서, 말하는 사람이 혼자 웃는 경우가 있다. 내 수업에도 그런 분들이 있었다. 도무지 왜 웃는지 말하는 내용으로는 맥락을 찾을 수 없었는데, 말하기가 끝난 다음에야 그 이유를 알 수 있었다. 드디어 말하기가 거의 끝나간다는 사실이 너무 기쁜 나머지 웃음이 얼굴에 저절로 드러나는 것이었다.

혼자만 기쁜 사실에 과연 이야기를 들어주는 사람들이 공감할 수 있을까? 표정 관리도 말하기의 한 요소다. 미소와 웃음이 있어야 하는 순간이 있고 그렇지 않은 때가 있다. 단순히 이야기가 끝나가는 마지막이 다 되었다고 기쁜 표정을 짓는 건 아닌지 모니터를 해볼 필요가 있다. 어이없는 웃음은 분위기만 어색하게 만든다.

4. 더 해야 할 말을 생략한 채 갑자기 마무리하지 마라

말을 하다 보면, 더군다나 끝마디까지 이야기를 이어왔다면 어느 정도 집중력이 떨어질 때가 되었다. 그래서인지 해야 할 말이 남아 있는데, 갑자기 멍해지면서 그 할 말이 생각이 안 나는 순간이 있다. 이때 갑자기 "그런데요…… 네…… 그렇습니다. 이상입니다."라고 말을 하면 어떨까? 이야기를

듣던 사람들은 황당하다.

물론 생각이 안 나는 본인이 가장 답답할 것이다. 그렇다고 앞뒤 아무 설명도 없이 갑자기 이야기를 마무리해버리면 곤란하다. 스피치에 논리적인 비약이 생기고, 하다 만 이야기 때문에 결론도 어색해진다. 이때도 어색함을 웃음으로 때우지 말자. 웃기는 상황이 전혀 아니다.

"원래 제가 준비한 내용이 이것 말고도 더 있습니다. 그런데 여러분이 제 이야기를 너무 집중해서 들어주시는 것에 제가 눈물이 날 정도로 감동을 받았거든요. 그 감동의 도가 지나친 나머지 준비한 내용마저 잊게 된 것 같습니다. 죄송하고 감사합니다."

차라리 이렇게 상황 설명을 하는 말이라도 솔직하게 하는 게 낫다. 부족한 내용으로 마무리하는 끝마디는 너무 이상하다. 지나치게 멋있는 말로 마무리를 하려는 것도 문제지만, 갑자기 말을 하다 말고 끝내는 것도 문제다.

끝말을 흐리지 않고 끝까지 힘 있는 스피치를 하고 싶다면, 딱 하나만 기억하자. 바로 '자신감'이다. 사람들이 나를 자신감 있는 발표자로 기억해주길 바라는가, 아니면 실수를 해도 귀엽다는 시선으로 바라봐주길 바라는가.

공식적인 말하기는 업무의 연장인 경우가 대부분이다. 실력으로 평가를 받아야지, 두려운 마음에 퇴행이라는 자기방어기제를 발동시키면 곤란하다. 말 속도가 빨라지는 것도, 목소리가 점점 작아지는 것도, 나도 모르게 웃음이 새어 나오는 것도, 할 말을 갑자기 잊어버리는 것도 전부 실수하는 말하기의 일종이다. 당황스러운 마음을 어린아이처럼 표현하려 하지 말자. 자신감 있는 말하기로 대처해야 한다.

이를 위한 방법은 오직 '연습'뿐이다. 공식적인 말하기를 앞두고 당연히 충분한 연습을 하겠지만, 그 연습을 하고도 불안한 마음이 떨쳐지지 않는다면 그건 충분한 연습이라고 말하기 어렵다. 집중력을 버리고도 자동적으로 끝마디까지 스피치를 마무리할 수 있을 정도가 되려면 말하는 게 지겹게 느껴질 만큼 연습을 해야 한다. 집중력을 최대한 발휘하도록 노력하고 스스로도 인정할 수 있을 정도로 연습을 한다면 끝마디까지 힘 있는, 그래서 나 자신도 만족할 수 있는 말하기를 할 수 있게 될 것이다.

끝말을 흐리지 않고 끝까지 힘 있는
스피치를 하고 싶다면, 딱 하나만
기억하자. 바로 '자신감'이다.
사람들이 나를 자신감 있는 발표자로
기억해주길 바라는가, 아니면 실수를
해도 귀엽다는 시선으로 바라봐주길
바라는가.

이 말을 하려던 게 아니었는데

방향성을 잃지 않고 마무리하는 법

인생에 관한 어르신의 명쾌한 조언이 가득한 책,《백 살까지 유쾌하게 나이 드는 법》에서 저자는 젊었을 때 왜 노인들이 영양가 없는 말을 많이 하는지 의문이 들었다고 말한다.

한번 말을 시작하면 이야기가 상당히 길어지는 어르신들이 계시긴 하다. 경험과 지식이 많아 '해주고 싶은 말'이 많아서일 것이다. 그런데 과연 이러한 문제가 어르신들에게만 해당하는 것일까? 분명 할 말을 다 한 것 같은데, 이제 마무리만 하면 될 것 같은데 왜 안 끝낼까 싶은 젊은 연사들도 꽤 있다.

나이와 상관없이 '경험' 혹은 '지식'이라 부를 수 있는 것에 자신 있는 사람들이 대체로 말이 길어진다는 사실에 어느 정도 공감하는 편이다. 청중 앞에 서서 자신의 지식을 전달하는 사람들 중에는 주어진 시간보다 훨씬 길게, 오랫동안 말하는 사람들이 꽤 있으니까.

아는 것이 많은 건 좋은 것이다. 다만 그걸 처음부터 끝까지 다 듣고 싶어 하는 청중은 별로 많지 않다. 사람들은 핵심만 듣고 싶어 한다. 그것도 가급적 짧은 시간에 말이다. 누구나 자신이 알고 싶은 부분만 듣기를 원한다. 이것을 두고 친절하다고 말할 수 있을지 모르겠지만, 최대한 많은 걸 전달해주고 싶은 친절한 마음에 말을 많이 하는 것이 오히려 듣는 사람들에게는 '불친절'이 되기도 한다.

좋은 말을 해주겠다는 욕심에 이런저런 사족을 덧붙이다 보면 원래의 말하기 목적을 잊어버리기도 한다. 가령 '인생에서 중요한 것은 웃음'이라는 주제에 대해 이야기하려 한다면 웃음의 효과, 더 많이 웃을 수 있는 방법 등을 언급해야지 갑자기 생각났다며 어제 있었던 웃기는 일을 말하면 안 된다. 그 일이 '인생과 웃음'이라는 큰 이야기의 줄기에 적합하다면 모를까, '웃음' 하니까 생각나는 재미있는 이야기로 넘어가면 그게 바로 샛길이 된다. 한마디로 방향성을 잃은 말하기가 된다.

수습 잘하는 방법은 따로 있다

말하는 사람도 실컷 이야기를 하다가 어느 순간 '어? 이 말을 하려던 게 아닌데? 내가 왜 이런 말을 하고 있지?' 하는 순간이 온다. 이미 늦었다. 수습을 하려다 말이 더 길어지면 최악이다. 방향성을 잃지 않고 스피치를 마무리하기 위해서는 다음 세 가지가 필요하다.

1. 편집이 필요하다

내가 아는 이야기를 모조리 다 하는 스피치는 없다. 발표하는 스피치의 주제에 맞는 콘텐츠 편집을 해야 한다. 돈 관리에만 우선순위가 있는 게 아니다. 내가 할 수 있는 이야기에서 꼭 필요한 내용만 선별해 우선순위에 맞게 편집을 해야 한다. 그리고 정말 해주고 싶은 이야기가 있다 하더라도 스피치의 주제와 상관이 없다면 과감하게 생략할 줄도 알아야 한다.

누가 그걸 모르느냐며 이 조언을 가볍게 넘기지 말았으면 좋겠다. 정말 알고 있다면, 발표를 위한 PPT 슬라이드를 100장 넘게 만들 수는 없다. 게다가 그 자료들을 처음부터 끝까지 전부 읽는 오류를 범할 수도 없다. 중요한 내용에선 시간을 할애하더라도, 그렇지 않은 부분은 그냥 넘어갈 줄도 알아야 한다.

내가 며칠 밤을 새워 만든 소중한 자료일지라도 스피치에 그 내용을 전부 담아내면 곤란하다. 말하기의 최종 도착지는 말하는 사람이 아닌 그 말을 듣는 사람이다. 그래서 말하기에도 편집이 필요하다. 편집되지 않은 말하기 때문에 스피치의 방향성을 잃지 말았으면 한다.

우선 정해진 시간을 준수하고, 그 시간 내에 중요한 부분 위주로 발표하되, 갑자기 좋은 이야기가 떠올라도 발표 주제와 크게 관련이 없다면 입 밖으로 꺼내지 않아야 한다. 그래야 내가 하려던 원래의 말을 샛길로 빠뜨리지 않은 채 무사히 마칠 수 있다.

2. 기준을 명확하게 설정한다

내가 표현하려는 내용의 기준을 설명하느라 시간을 허비하면 곤란하다. 사람은 고유한 지문을 지닌 존재처럼 저마다 다 다른 존재라고 말한 미국의 심리학자인 고든 올포트 Gordon Willard Allport를 굳이 거론하지 않더라도, 우리는 잘 알고 있다. 사람마다 생각하는 기준이 각기 다르다는 것을. 그렇기 때문에 말에 오해가 생기는 것이 아닌가.

목욕탕에 간 할아버지와 손자의 일화만 봐도 알 수 있다. 열탕에 들어가 "아, 시원하다."라고 말한 할아버지를 믿고 냉탕을 기대했던 손자는 "세상에 믿을 사람 하나 없다!"라고 외치며 탕 밖으로 뛰쳐나온다. 이 이야기를 통해 '시원하다'

의 기준과 의미가 나이에 따라 다르다는 것을 알 수 있다.

내가 자주 가는 떡볶이 집은 매운맛이 3단계다. 메뉴판에 쓰인 말 그대로를 옮겨보면 '순한맛, 파파떡볶이맛(보통매운맛), 폭탄매운맛'이다. 손님들이 매운맛에 대해 물어볼 때면, 주문을 받는 직원은 이렇게 말한다. "보통매운맛은 신라면 정도예요." 이 얼마나 명쾌한 기준 제시인가. 대부분의 사람들은 신라면 맛을 알고 있으니까.

물의 온도를 표현할 때도 정확한 기준을 제시하면 된다. 누군가에겐 뜨거운 물이 누군가에겐 미지근한 물처럼 느껴진다. 이럴 때는 온도를 뜻하는 적당한 말을 찾기보다 40도라고 숫자 그대로를 말하면 그만이다.

말하기도 똑같다. 처음부터 기준에 대한 명확한 설명을 한 다음 이야기를 이어나가면, 기준을 설명하기 위해 예정에도 없던 방향성 잃은 첨언을 계속 늘어뜨릴 이유가 없다. "제가 지금 말씀드린 이 가설은 중학교 3학년이 배우는 교과 과정에서 이해할 수 있는 수준입니다."라고 해야지 다음과 같이 말하면 곤란하다.

"이 가설로 말씀드리자면, 누군가에게는 쉬울 수도 있지만 또 누군가에게는 어렵게 느껴질 수도 있는……. 그러니까 어느 정도 수학을 할 수 있으면 괜찮은데요. 이 수학도 함수 정도만 이해할 수 있으면 되는데, 그 함수도 기본적인 수준이고, 그 기본은 중학생들이 배우는…….”

어떤가? 핵심은 그 가설이 무엇인지에 관한 것이지만, 가설의 수준을 설명하느라 이야기의 방향성이 흐려졌다. 처음부터 기준을 명확하게 설정하면 이런 불필요한 말을 하느라 시간과 에너지를 낭비하지 않는다.

3. '그래서 결론은!'으로 넘어간다

나 혼자 신나서 이야기를 하다가 '내가 지금 이 말을 왜 하고 있지?' 하는 순간이 온다면, 당황하지 말고 그냥 말이 옆길로 샜다고 빨리 인정을 해도 된다. 수습하려는 마음을 버리고 이제 결론으로 넘어가겠다고 단도직입적으로 말해도 괜찮다. 괜히 수습하려다 말만 더 길어지고 말하기의 방향성이 흐려지는 것보다 훨씬 낫다.

“그래서 결론은요!” 이 말 다음에 다시 한 번 주제를 언급하고 결론이 무엇인지 핵심만 말하면 나의 스피치는 끝이 난다. 이 얼마나 깔끔한 마무리인가. 이런저런 군더더기 없이 간결하게 결론을 말할 수 있는 사람이야말로 말하기를 정말 잘하는 사람이다.

했던 말을 반복하지 않게 해주는 한마디

간결하게 마무리하는 법

"에, 마지막으로!"

학창 시절에 이 말을 계속 반복하는 교장 선생님의 훈화를 듣고 괴로워하지 않았던 학생은 아마 거의 없을 것이다. "도대체 마지막이라는 말을 몇 번이나 하는 거야?"라는 아이들의 볼멘소리도 여기저기서 터져 나오곤 하던 때가 있었다.

교장 선생님이야 아이들로부터 스피치에 대해 평가받을 필요가 없어서 했던 이야기를 반복해도 괜찮으셨지만, 지금 이 책을 읽고 있는 우리는 아니다. 말하기 능력이 하나의 업무 평가로 이어지는 시대다. 그 어느 때보다 콘텐츠를 다루는 능력이 중요해졌다. 요즘에는 말이든 글이든 이미지든 잘 표현하고 전달할 수 있는 능력 하나로도 먹고사는 문제를 해결할 수 있다. 우리는 그 다양한 표현 방법 중 가장 기본적인 '말하기'를 다루고 있는 셈이다. 이제까지는 '그냥' 말해왔다면 앞으로는 정말 '잘' 말해야 한다.

인상적인 마지막을 위한 다섯 가지 장치

첫마디에서 시작한 말하기가 끝마디까지 무사히 왔다. 마지막에서 삐끗하지 않으려면 했던 말의 반복은 멈추고 이제 그만 간결하게 멋진 마무리를 할 수 있어야 하지 않을까? 앞에서 들인 공이 억울하지 않도록 말이다. 끝마디를 반복하지 않는 가장 확실한 방법에는 어떤 것들이 있을까?

1. A - B - A′

A는 '결론', B는 '본론', A′는 '결론 다지기'를 뜻한다. 아예 처음부터 결론을 언급한 다음 그 결론에 해당하는 본론을 말하고, 끝마디에서 처음에 말한 결론을 다시 한 번 전하는 것이 A-B-A′ 스피치 순서다. 이렇게 처음부터 말하기의 순서를 확실하게 정해두면 마지막에 무슨 말로 마무리하면 좋을지 고민하지 않아도 된다. 그 덕분에 했던 말을 계속 반복하는 실수는 하지 않게 될 것이다.

▶ **결론 A**

돈을 모으기 위해서는 명확한 목표가 중요합니다.

▶ 본론 B

만약 여름휴가를 목표로 돈을 모은다고 생각해보십시오. 휴가지에서 사고 싶은 기념품, 먹고 싶은 음식들, 가고 싶은 포인트 장소들, 교통비, 체험을 위한 입장료 등을 기대하며 지금 당장의 소비를 조절할 수 있게 됩니다. 퇴근하는 길에 지나는 쇼핑몰에서도 충동구매를 자제할 수 있습니다. 여름에 휴가지에서 써야 할 돈을 모은다는 목적이 아주 확실하기 때문입니다.

하지만 여름휴가를 다녀온 뒤 돈을 모아야 하는 명확한 목표가 사라졌다면 예전만큼 돈을 모으기가 어렵습니다. 돈을 굳이 아끼고 저축해야 할 이유가 없기 때문입니다. 명확한 돈 모으기의 목표가 없는 사람은 지금 세일 중인 화장품을, 새로 나온 맛의 치킨을, 친구들과의 드라이브를 굳이 포기할 이유가 없습니다.

절약과 저축은 상당히 번거롭습니다. 택시 대신 지하철을 타야 하거나, 깐 양파를 사는 대신 직접 손질을 하거나, 봉투값을 내는 대신 장바구니를 들고 다녀야 합니다. 이 번거로운 일을 기꺼이 감수하게 만드는 힘은 바로 확실한 돈 관리의 목표에서 얻을 수 있습니다. 돈 관리의 목표를 세워두면 돈을 아끼는 일이 궁상맞은 생활이 아니라, 목표에 한 걸음

씩 다가가는 노력이 됩니다.

▶ **결론 A′**

만약 돈을 모으는 게 너무 어렵게만 느껴진다면, 나의 돈 관리 목표를 확실하게 설정해주세요. 학자금 대출, 내 집 마련, 결혼 자금 마련, 사업 자금 준비 등 그 무엇이든 좋습니다. 그 목표를 실현하기 위해 돈을 아끼고 모으는 일은 생각보다 어렵지 않습니다. 통장 잔고가 늘어날수록 그 목표에 가까이 다가가고 있는 것이니까요.

돈을 모으기 위해서는 명확한 목표가 중요하다는 결론(A)을 먼저 밝히고, 여름휴가를 예로 들며 목표와 돈 관리의 관계가 얼마나 중요한지를 본문(B)에서 말한 다음, 다시 돈을 모으기 위해 명확한 목표를 설정해야 한다는 끝마디(A′)의 스피치다. 이 순서만 기억해도 끝마디에서 횡설수설하거나 중언부언하는 일은 없게 된다. 전체적인 흐름이 간단하고, 처음에 한 말을 떠올려 다시 한 번 언급하기만 하면 되기 때문이다.

2. P-R-E-P

P는 내 말의 핵심이 되는 포인트(point), R은 그 말을 하게 된 이유나 근거(reason), E는 이유나 근거를 더욱 풍부하게 해주는 사례(example), P는 처음에 했던 주장을 다시 한 번 반복하는 포인트(point)이다. 바로 앞에서 다뤘던 A-B-A'의 구조와 흐름은 비슷한데 중간에 사례를 추가함으로써 스토리나 에피소드 덕분에 스피치가 더 풍성하게 느껴질 수 있다는 장점이 있다.

▶ Point(핵심)

나도 모르게 새는 지출을 줄이고 싶다면 신용카드가 아닌 현금을 써야 합니다.

▶ Reason(이유나 근거)

학자들에 따르면 현금을 쓸 때 우리 뇌가 고통을 느낀다고 합니다. 중요한 자산이 없어진다고 생각하기 때문입니다. 신용카드는 사용한 다음에 돌려받잖아요. 이때 뇌는 내가 줬던 걸 다시 돌려받는다고 착각해서 손실로 여기지 않는데요. 하지만 현금은 주면 끝입니다. 그래서 신용카드를 사용할 때보다 훨씬 더 큰 고통을 느끼는 거죠. 현금을 쓸 때마다 고통을 느끼게 된다면 지갑을 열 때 조금이라도 더 고민하게 될 것입니다.

▶ Example(사례)

실제로 결혼 준비를 하는 예비부부들은 TV, 냉장고, 에어컨, 세탁기, 빨래 건조기 등을 사며 큰돈을 지출합니다. 대부분 신용카드로 결제를 하는데요. 결혼 준비 막바지에 이르러서는 큰돈을 쓰는 것에 대한 감각이 무뎌지는 지경에 이르게 됩니다. 몇 십만 원 정도의 추가 옵션이나 예상 밖 지출에는 눈 하나 깜짝하지 않는 것이죠.

그런데 그 결혼 준비를 모두 현금으로 지출했다고 생각해보세요. 만 원이나 오만 원 권으로 몇 백만 원에 달하는 냉장고나 TV를 구입한다면 상당한 두께의 현금이 필요합니다. 실제로 돈을 잃는다는 상실감이 크게 느껴지겠죠. 십만 원 단위의 지출에도 결코 무뎌지지 않을 것이고요.

현금만으로 결혼 준비를 하게 되면 세상에서 딱 한 번뿐인 이벤트라는 마케팅에도 쉽게 넘어가지 않을 수 있습니다. 어쨌거나 내 주머니에서 돈이 나가는 걸 확실하게 경험하는 순간마다 돈이 아깝다는 현실적인 생각이 들 테니까요. 결과적으로는 과한 카드 빚으로 신혼살림을 장만하게 되는 일은 생기지 않을 것입니다.

▶ Point(핵심)

'결혼 준비'라는 큰돈 쓰는 사례로 말씀드리긴 했지만, 일상 생활 속 돈 쓰기도 마찬가지입니다. 1000원, 2000원이라는 작은 지출을 신용카드로 쓸 때는 별거 아닌 것처럼 느껴져 도, 그걸 현금으로만 쓰게 되면 이야기가 달라집니다. 지갑 에서 현금이 점점 사라지는 걸 보면서 어느 순간 돈을 아껴 써야겠다는 생각을 하게 되기 때문입니다.

아예 신용카드를 없애고 현금만 써야 한다는 게 아닙니다. 일단 당장의 지출을 줄이는 습관을 들이고 싶다면 당분간만 현금을 써보자는 것입니다. 돈을 쓴다는 것이 어떤 느낌인지 를 확실히 경험하실 수 있게 됩니다. 그 결과 무분별하게 해 왔던 소액 지출이, 아무 생각 없이 지갑을 열곤 했던 습관들 이 확실히 사라지게 될 것입니다.

P-R-E-P 구조의 말하기는 근거와 사례까지 이야기를 해야 하기 때문에 비교적 긴 스피치로 활용하기에 좋다. 말 하기가 길어진다는 것은 끝마디로 가는 길을 잃어버릴 확률 도 높다는 뜻인데, 처음의 포인트를 마지막으로 끌어오면 깔

끔한 끝마디가 가능해진다. 내가 하고자 하는 말의 핵심을 처음부터 말한 덕분에 쉽게 잊히지 않는다. 항상 말하기의 끝마디가 영 아쉽기만 했다면 시작과 끝을 일치시키는 말하기의 구조를 잘 활용해보자.

3. 발표한 내용의 요약 및 정리

다음과 같이 정리하는 요약을 끝마디로 가져오면 발표자와 청중 모두 흩어진 생각과 말들을 체계적으로 정리하는 데 큰 도움을 받을 수 있다.

저는 오늘 A와 B와 C의 상관관계에 대해 말씀드렸습니다. 특히 A는 A′의 특징을, B는 B′의 성질을, C는 C′의 개성을 지닌다고 했죠? 이 세 가지가 바로 앞으로 여러분께서 살아가는 동안 꼭 기억하셔야 하는 내용입니다.

단순히 했던 말의 반복이 아니다. 발표자는 '내가 오늘 할 말 중에 빠뜨린 게 없었나?' 하고 체크를 할 수 있고, 청중은 '아, 아까 저런 말이 있었지. 다시 들으니까 생각난다.' 하며 복습의 효과를 얻을 수 있다.

정리 개념의 요약은 했던 말을 다시 하는 것이 아니다. A,

B, C 세 가지를 본론에서 말했다면 그 세 가지에 어떤 핵심이 담겨 있었는지에 관해서만, 즉 도표를 그리듯이 개념의 순서와 키워드만 정리하면 되는 것이다. 본론에서 설명한 내용을 토씨 하나 안 틀리고 다시 반복하는 게 문제다. 그런 걸 정리라고 한다면, 누가 봐도 시간 낭비다.

4. 청중으로부터 핵심 키워드 듣기

스피치의 내용을 발표자가 일방적으로 혼자 요약하지 않아도 괜찮다. 청중을 향해 질문을 던지는 방식도 얼마든지 가능하다. 핵심이 되는 키워드를 청중이 대답할 수 있도록 질문만 하면 끝이다.

발표자: 제가 오늘 가장 중요한 세 가지 개념, 절대 잊으면 안 된다고 말씀드린 세 가지가 있었죠? 그게 뭐였나요?

청중: A, B, C요.

발표자: 네, 맞습니다. 정확히 기억하고 계시는군요. A의 특징은 뭐라고 했죠?

청중: A′요.

발표자: B는요?

청중: B′요.

발표자: 마지막으로 C는요?

청중: C′요.

끝마디에서 청중의 참여를 이끌어내면, 해당 스피치를 함께 완성하는 느낌도 줄 수 있다. 게다가 청중 입장에서는 직접 자기 입으로 소리 내어 말하는 핵심 키워드를 더 오래도록 기억하는 효과도 있다. 정말 간단한 대답이라도 하게 되면, 발표자와 대화를 나눈 기분도 든다. 했던 말의 반복이 아닌, 오늘 나눈 이야기를 함께 정리하는 방식의 마무리가 되는 것이다.

5. 공식적인 Q&A

어느 정도 끝마디를 마무리했다면, 혹은 청중이 키워드를 직접 대답하게 하는 방식으로 마무리를 했다면 공식적인 질의응답 시간으로 넘어가도 된다. 이 시간이야말로 내가 놓친 이야기를 자연스럽게 추가할 수 있는 기회이기도 하다.

질의응답에 관한 실질적인 방법은 바로 다음 장에서 자세히 다루고 있으니 그 부분을 참고하면 좋겠다. 질의응답에 부담을 느끼는 사람들을 위해 딱 하나의 조언을 추가하자면, 사람들이 발표자에게 던지는 질문에 긴장을 할 것이 아니라 감사하는 마음을 가져야 한다는 것이다.

내 이야기를 끝까지 경청해준 것도 감사한데, 내가 한 이야기를 듣고 적극적으로 질문까지 해주는 게 얼마나 감사한 일인가? 질문자는 질문을 하기까지 나름의 고민을 거친 과정이 있었을 것이다. 그 고민을 극복하고 손을 들고 질문을 하기까지의 단계를 떠올려본다면, 모든 질문이 감사하지 않을 수가 없다. 그러니 '내가 대답을 잘 못하면 어쩌지?' 하는 부담은 조금 내려놓고, '어떤 질문이든 다 감사하다'는 마음을 가져보자. 내 스피치를 마무리하는 진짜 끝마디를 할 수 있게 될 것이다.

모르는 질문이 나왔을 때
해야 할 말 VS 하지 말아야 할 말

질의응답 시간은 필요하다

내가 준비한 스피치의 마지막 말을 이제 막 무사히 마쳤다면, "끝까지 경청해주셔서 감사합니다."라고 말한 뒤 곧바로 인사를 꾸벅하면 안 된다. 감사하다고 말하기 전에 다음과 같이 질문을 받겠다는 말을 해야 한다.

"이것으로 제가 준비한 이야기는 모두 마쳤고요. 지금부터는 제 이야기를 듣고 궁금하셨던 점들에 관해 몇 가지 질문을 받겠습니다. 질문이 있으신 분은 주저하지 마시고 물어봐주시면 감사하겠습니다."

내가 할 말을 끝냈다고, 무사히 마쳤다고 서둘러 인사를 한 뒤 자리를 박차고 나오지 말자. 내 스피치를 듣고 궁금한 점이 무엇인지에 관해 청중과 커뮤니케이션을 주고받는 것까지가 '끝마디'의 완성이다. 그래서 질의응답을 위한 시간까지 고려해 전체 스피치 시간을 계산해야 한다.

질의응답 시간은 결코 형식적인 시간이 아니다. 좋은 질문을 던지는 청중 덕분에 발표에서 다루지 못했던 깊이 있는 이야기를 잠깐이나마 할 수도 있고, 때로는 내가 놓친 내용을 질문에 대한 답변을 하며 보충 설명으로 채울 수도 있다. 끝까지 알찬 말하기를 완성하기 위해서 질의응답을 위한 다음의 다섯 가지 주의 사항을 기억해두면 좋겠다.

질의응답 시간을 효율적으로 활용하는 다섯 가지 방법

1. 모두가 질문을 들을 수 있게 신경 쓰기

조용히 앉아 있다가 발표자에게 질문을 하는 일은 생각보다 부끄러울 수 있다. 질문을 하는 사람의 목소리가 자연스럽게 작아질 수 있는 상황인 것이다. 이때 질문을 주의 깊게 듣는 발표자는 질문을 비교적 쉽게 듣지만, 객석에 앉아 있는 다른 사람들은 그렇지 못한 경우가 많다. 모두가 제대로 듣지 못한 질문에 서둘러 답변부터 하지 말고, 이 질문을 다른 사람들도 잘 들었는지 체크부터 하자.

"저 뒤에 계신 분, 혹시 지금 어떤 질문이 나왔는지 들으셨나요?"

발표자도 간신히 알아차린 질문이라면 이런 말을 먼저 꺼내면 된다. 만약 누군가 잘 듣지 못했다고 한다면, 어떤 질문이었는지를 먼저 알려준 뒤, 그에 대해 답변하겠다고 말하면 된다. 질문도 못 들은 사람들에게 답변을 하는 일은 없어야 한다.

2. 다소 산만한 내용의 질문이라면 간결하게 요약해주기

떨리는 마음으로 질문을 하는 경우 목소리가 작아지기도 하지만 말의 두서가 없어지기도 한다. A를 물어보고 싶은 청중이 있다고 치자. "아까 B가 무엇인지에 대해 말씀해주셨잖아요. 그러면서 C에 대한 이야기도 잘 들었는데요. 저는 A가 궁금하더라고요. 특히 A에서……." 이런 식으로 질문이 한없이 길어지면서 도대체 무엇을 물어보는 것인지 헷갈리는 상황이 된다.

이럴 때 발표자는 "그래서 A의 이런 점이 궁금하신 거죠?"라는 식으로 정리해주는 멘트를 해주어야 한다. 질문에 대한 간결한 요약은 다른 청중들을 위한 것이기도 하다. "지금부터 이런 지점에 대한 이야기를 해드리겠습니다."라는 명확한 예고가 되기 때문이다. 답변을 해야 하는 발표자 역시 자신이 어떤 말을 해야 하는지에 대해 확실히 해둘 필요가 있다. 그러므로 질문자의 말을 요약해서 되물어주는 과정은 상당히 중요하다.

3. 모르는 것에 대한 질문이 나왔을 때 당황하지 않기

충분히 있을 수 있는 일이다. 내가 미처 모르는 내용을 청중은 얼마든지 궁금해할 수 있다. 이때 정확하지 않은 이야기로 대충 넘어가는 일은 없어야 한다. 성의 없는 답변으로 스피치의 마무리를 보여주면 애써 힘들게 준비한 스피치가 수포로 돌아가버린다. 그렇다고 얼굴이 빨개지면서 당황해할 필요도 없다. 잘 모른다고 솔직히 이야기할 수만 있다면 괜찮다. 단, "모릅니다."라고 끝내버리지 않고, 그 내용에 대해 찾아보고 확실히 알아본 다음에 답변하겠다고 말하면 된다.

정말 좋은 질문을 주셨습니다. 이 질문에 확실한 답변을 하기 위해서는 시간이 좀 필요할 것 같습니다. 자료를 찾아보고 어떤 내용인지 정확히 알아본 다음 주 월요일 오전 중으로 제 블로그에 전체 공개 글로 포스팅을 할 테니, 그때 확인해주시면 정말 감사하겠습니다.

이 정도의 코멘트라면 질문을 한 사람도 충분히 만족할 수 있을 것이다.

4. 질문이 하나도 나오지 않는다면 직접 유도하기

지금부터 질문을 해달라고 했을 때 대체로 처음부터 여기 저기서 손을 드는 분위기는 흔치 않다. 질문을 하는 사람들은 자체 검열을 꽤 한다.

'궁금하긴 한데, 이런 것도 모른다고 생각하면 어떡하지?'

'이 질문은 너무 바보 같을까?'

이런 생각이 들어서 질문하기를 망설이는 경우도 은근히 많다. 그러므로 청중이 질문을 하나도 하지 않는다고 당황하지 말고, 내가 먼저 질문을 유도해도 괜찮다. "저는 오늘 A에 대해 말씀드렸는데요. 혹시 이 이야기를 들으며 A′에 대해서는 궁금하지 않으셨어요?"와 같은 식으로 유도하는 것이다.

나는 회사를 그만두고 남편과 1년 동안 세계 여행을 다녀온 적이 있다. 여행 관련 강연을 꽤 했는데, 강연이 끝나고 첫 질문이 나오지 않을 때면 "제가 1년 동안 여행하느라 돈을 얼마나 썼는지 궁금하지 않으세요?"라고 먼저 물어본다. 그러면 여기저기서 "네, 궁금해요."와 같은 반응이 나타난다. 여행 경비에 대한 답을 마치고 나면 다양한 질문이 기다렸다는 듯이 쏟아진다.

5. 시간 관계상 질의응답을 마쳐야 한다면 소통 창구를 알려주기

질의응답으로도 이야기는 얼마든지 무르익을 수 있다. 공식적인 스피치에서 다루지 못했던 뒷이야기 등의 내용이 Q&A에서 나오기 시작하면 꼬리 질문이 쉼 없이 이어지기도 하기 때문이다.

문제는 시간이다. 주어진 시간은 한정되어 있기 때문에 질의응답에 마냥 긴 시간을 할애할 수는 없다. 이때는 시간 관계상 모든 스피치는 여기서 이만 마치지만, 다른 경로를 통해 소통을 이어갈 수 있다고 말해주는 것도 좋다.

아쉽지만 어쩔 수 없이 마쳐야 할 시간이 되었습니다. 질문을 하고 싶은데 시간이 부족해 질문할 기회가 주어지지 않으신 분들은요, 지금 화면에 제 이메일 주소가 뜨죠? 이쪽으로 질문을 주시면 제가 꼭 확인하고 답변을 드리겠습니다. 그러니 너무 아쉬워하지 않으셨으면 좋겠습니다. 질의응답 시간까지 열정적으로 제 이야기를 들어주시고 함께해주셔서 정말 감사합니다.

이 정도의 마무리 인사라면 소통이 부족하다고 느끼는 청중은 아마 없을 것이다. 최대한 주어진 시간 안에서 질의응답을 소화하되, 만약 급하게 마무리를 해야 한다면 주어진 시간이 끝난 뒤에도 소통이 가능하다는 메시지를 전하는 것이 좋다.

내가 할 말을 끝냈다고, 무사히
마쳤다고 서둘러 인사를 한 뒤 자리를
박차고 나오지 말자. 내 스피치를 듣고
궁금한 점이 무엇인지에 관해 청중과
커뮤니케이션을 주고받는 것까지가
'끝마디'의 완성이다.

순발력이 아니라 용기가 필요한 순간

돌아서서 후회하지 않는 말하기

말하기 수업을 하며 한 수강생으로부터 이런 질문을 받은 적
이 있었다.

> 저는 저희 회사의 유일한 계약직이에요. 그러다 보니 다른
> 직원들의 배려가 별로 없어요. 저한테 상처가 되는 말인 줄
> 도 모르고 하는 사람도 있거든요. 지난 연말에 모든 직원들
> 이 성과 보고서를 쓴다고 많이 바빴어요. 저는 계약직이라
> 그런 걸 쓰지는 않거든요. 그런데 어떤 직원이 저더러 성과
> 보고서를 안 써도 되니 얼마나 좋으냐며, 부럽다고 하더라
> 고요. 저는 바빠도 좋으니까, 그런 페이퍼 업무를 해도 좋으
> 니까, 정직원이었으면 좋겠는데……. 너무 속상했는데 아무
> 말도 못했어요. 그게 두고두고 후회로 남아요. 만약 다시 그
> 런 상황이 온다면 저는 어떤 대답을 해야 할까요?

그때 우리는 순발력에 관한 이야기를 하던 중이었다. 순발력을 발휘하지 못해 몇 달이 지나도록 후회로 남은 이야기를 듣자마자 우리 모두는 머리를 모았다. 그 결과 나온 답은 바로 이거였다.

"네, 너무 좋아요. 선배님도 계약직 하세요. 그런 일 안해도 돼서 편하거든요."

'눈에는 눈, 이에는 이' 전략이라 할 수 있다. 나에게 상처를 줄 의도였다면 무지개 반사쯤 될 것이고, 나에게 상처를 줄 의도가 없었다면 자신의 말실수를 깨닫는 계기가 되었을 것이다. 페이퍼 업무를 안 하고 싶어서 계약직을 원하는 사람은 없을 테니까.

하고 싶은 말을 제때 하지 못해서 억울하고 분한 상황은 생각보다 많다. 누군가와 말다툼을 했는데, 나도 지지 않으려고 기를 쓰고 말대답을 하긴 했는데, 밤에 자려고 누우니 미처 하지 못한 말이 떠올라 분이 가시질 않는 시간이 얼마나 많았던가.

"아, 그때 이렇게 말했어야 했는데."

"아, 왜 나는 거기서 이상한 소리를 한 거야? 이렇게 받아쳤어야지!"

시간을 돌릴 수만 있다면 다시 말다툼을 하던 때로 돌아가

지금 생각난 이야기를 전부 쏟아내고 싶어진다. 지금 생각한 것들을 '왜 그때는 떠올리지 못했나' 하며 바보 같은 스스로에게 화가 날 정도다.

누구나 이런 경험을 해보았을 것이다. 단지 말다툼의 순간만이 아니다. 회사에서 상사에게 보고를 할 때 더 적극적으로 나의 공을 이렇게 저렇게 어필하지 못한 순간이 아쉽고, 중요한 발표 자리에서 꼭 해야 할 말을 빠뜨리고 단상에서 내려온 순간도 두고두고 후회로 남는다.

왜 말을 할 수 있는 순간에는 꼭 해야 할 말이 적절하게 떠오르지 않고, 아무런 긴장도 갈등도 없는 평화로운 상태에서만 '이보다 더 완벽할 수 없는 말'이 생각나는 것일까?

내 발목을 붙잡는 것은 무엇일까?

독일의 커뮤니케이션 전문 코치이자 강사로 활동 중인 니콜 슈타우딩거Nicole Staudinger는 이와 같은 질문에 대해 《나는 이제 참지 않고 말하기로 했다》라는 책에서 '순발력이 아닌 용기의 문제'라고 답한다. 누구나 적절한 말을 할 수 있는데 약간의 용기가 부족해서 말을 아낀다는 것이다.

나는 순발력이 아닌 용기가 문제라는 그녀의 말에 적극 동의한다. 밤에 자려고 누웠을 때 떠오르는 말이 내가 생각해도 괜찮다는 건, 나는 그러한 말 센스가 충분한 사람이라는 뜻이다. 다만 그 말을 적절한 순간에 하지 못하도록 내면의 부족한 용기가 내 발목을 붙잡은 것은 아니었을까?

우리의 순발력이나 말 센스는 이미 괜찮은 수준이다. 나의 말하기 능력을 의심하지 않아도 된다. 순발력이 없다거나 말을 못한다는 식으로 자신을 탓하는 습관을 멈추고, 부족했던 용기에 힘을 실어주려는 노력이 필요할 때가 되었다. 하고 싶은 말을 계속 참다가 화병에 걸리기 전에 말이다.

공식적인 말하기에서도 마찬가지다. 하려고 했던 말을 충분히 하지 못해 나를 어필할 수 있는 소중한 기회를 날려버리지 말아야 한다. 억울한 오해를 받는 상황에서 아무 말도 못해서 능력 없는 직원이라는 소리를 듣지는 말아야 한다. 이미 충분히 화나고 억울한 시간이 켜켜이 쌓이지 않았던가.

기껏 공식적인 말하기를 하고 나서, 못한 말이 남아 찜찜한 기분을 남기는 일 따위는 그만해야 하지 않을까? 후회하는 말하기를 끝내고 싶다면, 이제는 용기를 내야 한다. 하고 싶은 말을 했다고 해서 큰일이 나는 것도 아니다. 싸우는 말하기가 아니기 때문이다.

눈치 보는 말하기 대신 핵심을 전달하는 말하기를 하면 된다. 누군가 나에게 상처가 되는 말을 했다면, 그게 상처가 되는 말이라는 핵심을 일러주면 그만이다. 공식적인 자리에서도 내가 이 발표를 위해 얼마나 준비를 많이 했는지 핵심을 담아 표현하면 되고, 내가 하지 않은 일에 대해서는 오해라는 핵심을 명확히 알려주면 된다. 약간의 용기를 낸다면 얼마든지 할 수 있는 일이 아닐까 싶다. 생각해보면 참 간단한 해결책이 아닐 수 없다.

하고 싶은 말을 제때 하지 못해서
억울하고 분한 상황은 생각보다 많다.
누군가와 말다툼을 했는데, 나도 지지
않으려고 기를 쓰고 말대답을 하긴
했는데, 밤에 자려고 누우니 미처 하지
못한 말이 떠올라 분이 가시질 않는
시간이 얼마나 많았던가.

이미 내뱉은 말실수를 수습해주는 플랜B

솔직해지면 아름답게 마무리할 수 있다

나는 한때 전자책에 관심이 있어 전자책 만드는 강좌를 정기적으로 들은 적이 있다. 하루에 기본 네 시간은 하던 수업이었다. 생각보다 수업이 길다 보니 선생님이 수강생들을 친근하게 느꼈는지도 모르겠다. 하루는 전자책과 관련한 정부의 지원과 시책 등에 대한 설명을 하던 선생님이 갑자기 감정이 복받쳤는지, 수업과 관련 없는 정치 이야기를 마구 쏟아내기 시작하는 게 아닌가.

나도 수업을 들으며 알게 된 사실이지만, 우리나라에서 전자책 시장이 미국처럼 충분히 발달하지 못한 이유는 단순히 기술력 부족 때문만은 아니었다. '정책적으로 지원이나 방침이 더욱 뒷받침되었더라면 좋았을 텐데' 하는 아쉬운 부분도 있긴 했다. 하지만 그렇다고 해서 수강생들이 전자책 선생님의 정치색이 가득 담긴 발언을 긴 시간 동안 들어야 할 이유는 없었다. 선생님의 답답한 심정은 이해하나 많은 수강생들이 그 시각에 동조하는 것은 아니기 때문이다.

선생님은 한참을 누가 나쁘고, 누가 바보 같고, 누가 잘못했는지에 대해 이야기를 하다가 어느 순간 말을 멈추고 우리를 둘러보았다. 본인도 '아차!' 싶었던 것이다. 그때 선생님은 하던 말을 더 이상 이어가지 않은 채 이렇게 말했다.

"여러분, 오늘 들은 이야기는 그냥 우리끼리 못 들은 걸로 해줘요. 우리 막내아들이 아직 중학생이야. 너무 어려서 내가 어디 잡혀 가면 안 되니까요."

선생님의 발언에 경직되었던 교실 분위기가 서서히 풀렸다. 쓸데없는 말을 해서 미안하다고 직접적으로 사과를 한 건 아니었지만, 자신도 불필요한 발언을 한 것에 대해 인지하고 있음을 충분히 알렸다고 생각한다. 다른 수강생들도 같은 생각이었던 것 같다. 자신의 실수에 대해 솔직하게 말하는 사람에게 끝까지 나무라는 경우는 거의 없다.

솔직함이라는 강력한 수단

간혹 자기가 하는 말에 스스로 제동 거는 법을 잊는 때가 있다. 진짜 하고 싶은 말이 마음속에 가득할 때 누구라도 붙잡고 이야기하고 싶은데, 그때 마침 여러 사람들 앞에서 말할 기회가 주어져 속엣말이 터져 나오면 아무도 못 말린다.

본인 스스로도 못 말리는 걸 청중이 어떻게 말리겠는가?

엄밀히 말하자면, 말은 하는 것보다 아끼는 게 좋다. 말은 많이 할수록 실수가 쌓이지만, 침묵은 할수록 아무런 실책도 하지 않게 된다. 그렇다고 아무런 말도 하지 않는 사람이 될 수는 없다. 만약 스스로도 인지할 정도로 말실수를 했다고 생각하면 솔직해지는 방식을 선택하면 좋겠다. 지금 한 말은 취소라고, 이 말을 하려던 게 아니었다고, 자리에 어울리지 않는 말을 해서 미안하다고 사과하면 충분하다.

공식적인 말하기에서의 말실수는 단순히 했던 말을 반복하거나, 매끄럽지 않게 느껴질 정도로 말을 더듬거나, 어딘가 논리가 빈약한 말을 하는 것만은 아니다. 적절하지 않은 내용의 발언을 하는 것도 엄연한 말실수가 된다. 종종 공식적인 자리에서 말실수를 한 정치인이나 교육자 등의 발언이 문제가 되고 뉴스화되는 것도 같은 맥락이다.

누구나 실수할 수 있다. 곧바로 솔직함을 앞세워 사과할 수 있는 사람이라면 그 상황을 얼마든지 바로잡을 수 있다. 말이 헛나와 실수를 했다고 해서 스피치의 마무리까지 망치는 것은 아니기 때문이다.

혼자 신나게 떠들다 선을 넘는 말하기로 낭패를 본 사람들이 이제껏 얼마나 많았던가. 하지 말았어야 할 말을 했다는 이유로 얼마나 많은 사람들이 후회와 자책을 일삼았던가. 어쩌면 끝마디를 완벽하게 완성하게 해주는 진짜 핵심은 자신이 실수를 한 것은 없는지 빨리 돌아보는 것, 그리고 그와 관련해 한 시라도 빠른 인정과 사과를 실천하는 행동력인지도 모르겠다.

만약 나도 모르게 말실수를 했다면, 최후의 수단으로 '솔직함'을 앞세우자. 실수를 인정하고, 다음부터 주의하겠다는 언급을 할 수 있는 용기를 내야 한다. 넘지 말아야 할 적정선을 넘는 건 대부분 눈치 없는 '나'다. 괜히 어설프게 변명으로 일관하며 말하기의 마지막을 망치느니, 실수에 대한 빠른 사과와 솔직한 마음을 보여주는 것이 최적의 플랜B가 될 수 있다. 이미 내뱉은 말 때문에 후회하고 자책할 시간에 플랜B를 실행하는 게 끝마디를 아름답게 마무리하게 도와주는 구원 투수가 될 것이다.

누구나 실수할 수 있다. 곧바로
솔직함을 앞세워 사과할 수 있는
사람이라면 그 상황을 얼마든지
바로잡을 수 있다. 말이 헛나와 실수를
했다고 해서 스피치의 마무리까지
망치는 것은 아니기 때문이다.

"더는 말 때문에
억울한 일을 겪지 않겠다."

지난 몇 년간 말하기 수업을 진행하며 만났던 수많은 이들의 이야기가 생각난다.

"저는 말 잘하는 것까지는 바라지도 않아요. 해야 할 말을 못
해서 손해를 많이 봤어요. 그 상황만이라도 피하고 싶어요."
"일은 제가 다 했는데 말만 잘하는 사람이 일 잘하는 것처럼
인정받는 경우가 많아요. 그럴 때마다 너무 억울해 미치겠
어요."

말하기를 잘하고 싶다는 사람들이 기대하는 것은 TV에 나
오는 스타 강사들처럼 화려한 조명과 관객의 환호를 받는 수
준이 아니었다. CF 속 한 장면처럼 외국 바이어 앞에서 종이
를 휘날리며 멋진 발표를 꿈꿨던 게 아니었던 것이다.

그들은 그저 스스로 준비한 이야기라도 떨지 않고 제대로

하기를, 다른 사람이 내 공을 가로채지 않기를, 할 말을 충분히 하지 못해 억울한 상황에 처하지 않기를 바라는, 지극히 상식적인 목표를 생각하고 있었다.

내가 만약 열 개의 일을 했는데 그 과정을 제대로 설명하지 못한 이유로 다섯 개의 일만 했다고 받아들여지면 얼마나 억울한가. 게다가 딱 한 개의 일을 한 사람이 자신의 말하기 실력을 믿고 열 개의 일을 한 것처럼 부풀려 말했는데, 그게 받아들여지면 미치고 팔짝 뛸 노릇이다.

더 이상 말 때문에 억울한 상황을 겪지 않길 바라는 사람들이 내 수업에 많이 찾아왔다. 말하기를 '앞에서 멋있게 말하는 쇼'가 아니라 내가 전달하고자 하는 '메시지의 표현'이라고 생각하면, 그들의 말하기 목표는 얼마든지 도달할 수 있는 거리에 있다. 그래서 바로 써먹을 수 있는 팁 위주로 실습을 하는 수업이 이뤄졌고, 그 실습들을 그러모아 이 책이 만들어진 셈이다.

◆ ◆ ◆

'멋있게 말하고 싶다' 혹은 '나도 말 잘하는 사람이 되고 싶다'와 같은 막연한 목표로는 스스로가 만족하는 말하기의 단계에 다다르기 어렵다. '멋있다'나 '잘한다'의 기준이 무엇인지도 모르기 때문이다. 오히려 '내가 한 일을 하나도 빠뜨리지 않고 설명함으로써 내가 한 일에 대한 평가가 누락되는 일을 만들지 않겠다'라는 목표가 훨씬 구체적이고 현실적이다. 그리고 이러한 구체적인 상황이 있을 때 말하기에 대한 연습이 더욱 수월해진다. 내가 해야 할 말이 정해진 상황이기에 연습해야 할 것이 무엇인지 잘 알고 있는 덕분이다.

이제껏 '멋있게 말하고 싶다' 혹은 '실수 없이 잘하고 싶다'라며 부담감을 가져서 말하기가 어렵게 느껴진 것은 아닌지 다시 생각해보았으면 좋겠다. 나는 이미 말을 꽤 잘하고 있는데도 자꾸만 스스로가 부족하다 느끼게 만드는 원인이 될 수도 있으니까.

마지막으로 이 책을 마무리하면서 덧붙이고 싶은 '말 잘하는 비결 다섯 가지'를 추가로 공개하려 한다.

첫째, 말할 수 있는 기회를 자주 만들자. 사람은 무엇이든 하다 보면 는다. 말하기도 마찬가지다. 내가 말을 못하는 건 말할 기회가 없어서였을 가능성이 크다.

둘째, 실수하거나 실패하는 상상도 그만해야 한다. 생각하는 대로 된다는 말이 있지 않은가. 굳이 나쁜 상상을 하다가 결과가 그렇게 나왔을 때, '내가 이럴 줄 알았어.'라고 자책

하는 습관이 있다면 당장 그만두자.

셋째, 말을 끝낸 다음엔 스스로에게 잘했다고 칭찬해주면 좋겠다. 설사 마음에 들지 않는 부분이 있어도 괜찮다. 그런 실수가 있었지만 무사히 말하기를 끝낸 것이 아닌가. 그 부분마저도 칭찬 받아 마땅하다.

넷째, 하루 5분씩 책을 소리 내서 읽어보자. 읽기 연습을 마지막으로 해본 게 언제인가? 내가 소리 내서 연습하지 않으면 말하기 실력은 늘지 않는다. 운동하지 않으면서 살이 빠지길 기대하는 것과 똑같다.

다섯째, 남을 지적하거나 흉보는 등의 부정적인 말은 하지 않는다. 핑계를 대거나 욕을 하는 것도 마찬가지다. 나쁜 말만 하지 않아도 말을 잘하는 사람이 된다. 정말 놀라운 비결이 아닐 수 없다.

말하는 것에 대해 스트레스만 받지 않아도 말하기 부담은 크게 줄어든다. '남들처럼' 잘하고 싶다는 마음 말고, '내가 할 수 있는 만큼' 잘하고자 생각하면 그 부담이 조금은 줄어들지 않을까 싶다. '내가 할 수 있는 만큼'이 형편없다고 생각하지 말자. 이 책의 프롤로그에서 밝혔듯이 당신은 이미 말을 잘한다. 그걸 본인만 깨닫지 못하고 있을 뿐이다. 스스로를 믿고 첫마디의 두려움을 깨버리자. 그다음부터는 모든 게 일사천리다. '잘한다'는 칭찬을 먹고 말하기 실력을 쑥쑥 자라게 만들기만 하면 된다!

첫마디의 두려움을 이기는 법

초판 1쇄 발행 2020년 1월 6일

지은이 • 정은길

펴낸이 • 박선경
기획/편집 • 권혜원, 한상일, 남궁은
홍보 • 권장미
마케팅 • 박언경
표지 디자인 • ★규
제작 • 디자인원(031-941-0991)

펴낸곳 • 도서출판 갈매나무
출판등록 • 2006년 7월 27일 제2006-000092호
주소 • 경기도 고양시 일산동구 호수로 358-25 (백석동, 동문타워II) 912호
  (우편번호 10449)
전화 • (031)967-5596
팩스 • (031)967-5597
블로그 • blog.naver.com/kevinmanse
이메일 • kevinmanse@naver.com
페이스북 • www.facebook.com/galmaenamu

ISBN 979-11-90123-76-1/03320
값 14,500원

이 도서의 국립중앙도서관 출판예정도서목록(CIP)은 서지정보유통지원시스템 홈페이지(http://seoji.nl.go.kr)와 국가자료공동목록시스템(http://www.nl.go.kr/kolisnet)에서 이용하실 수 있습니다.(CIP제어번호: CIP2019050899)